高校受験 志望校に97%合格する親の習慣

ひと月あれば
偏差値10アップも可能

思春期の子育てアドバイザー
道山ケイ

青春出版社

プロローグ

子どもが自分から勉強し、合格をつかめる！
道山流・高校受験必勝プログラム

私は「高校受験は親の習慣が9割」と考えています。

実際に受験するのは子どもだし、中学生ともなると思春期で、親が強制したところで言うことを聞くとは限らないのに、なぜ親の習慣が9割なのか。

それは、子どもというのは、親が上手に声かけをすると自ら進んで勉強を始めるようになるからです。その結果、定期テストの点数がグングン上昇し、高校受験も楽に合格することができます。

一方、何も声をかけなかったり、間違った声をかけてしまったりすると、自ら勉強を始めるどころか、宿題すらやらなくなります。

その典型が、次の言葉です。

「勉強しなさい」

「成績が下がったからスマホ取りあげるわよ」


つい口にしてしまっていないでしょうか？

そこで、これから「子どもがやる気をなくす言葉」を使わないようにし、本書で紹介する「子どもが自ら勉強を始める言葉」を使ってみてください。子どもが家に帰ってきたとたん、自らの意思で机に向かうようになります。

今までのように、だらだらスマホやゲームをすることもなくなります。定期テストの点数も、５教科合計５００点満点で１００点以上上がり、第一志望の高校に確実に合格できるようになるでしょう。


「そんなうまい話、あるのだろうか？　あっても、うちの子に効果があるのかしら？」

そんな声も聞こえてきそうですね。でも、心配はご無用。現在子どもが不登校だったり、スマホやゲーム依存、激しい反抗期の子から、すでに勉強を頑張り始めている子まで、高校受験を考えている子であれば、誰にでも効果がある方法だからです。

ゲーム依存がわずか3か月で改善し、第一志望の高校にすんなり合格

具体的な例で、説明しましょう。

この道山流・高校受験必勝プログラムを実践した結果、わずか3か月でゲーム依存が改善し、定期テストの点数も5教科合計500点満点で116点上がった片山君（仮名）がいます。片山君は、3年生の9月までゲーム依存でした。部活を引退して空いた時間を、ゲームに使っていたのです。

さすがに、このままだとマズイと考え、私が提唱する高校受験必勝プログラムを親子で実践してもらいました。その結果、すぐに定期テストの点数が上がり、志望校の推薦をもらうことができたのです。そして、一発勝負の厳しい入学試験を受けることなく、志望校に合格することができました。

推薦入試で合格するというのは、周りの家庭が毎月5万円以上、高い学習塾代を払い必死に勉強している時期に、すでに合格通知をもらい、家族で優雅に旅行に行けるということ

とです。

そこまでいかずとも、3か月で不登校やスマホゲーム依存が解決し、定期テストで5教科合計50点以上上がり、志望校に合格した子は数えきれないほどいます。

では、5教科合計116点とは、どれくらい成績が上がることなのでしょうか。つまり、偏差値的内申点でいうと、オール1の子はオール2に上がるということです。つまり、偏差値的に通信制高校や定時制高校しか選択肢がなかった子が、全日制高校に行けるようになるということです。

オール3の子なら、オール5になることもあり得ます。つまり公立高校普通科に入れるかどうかギリギリラインだった子が、行きたい高校ならどこでも入れるレベルになるということです。

このように、本書で紹介する高校受験必勝プログラムを実践すれば、どんな子でも3か月以内には、自らの意思で勉強を頑張りだし、その結果、楽に志望校に合格することができるようになるのです。

スマホを取りあげても、塾に無理に入れても、子どもは勉強しない

スマホゲーム依存、不登校、親に対する激しい反抗などの問題行動をしている子でも、自ら勉強を始め、定期テストの点数が上がり、第一志望の高校に合格できる。これこそ、私が提唱する高校受験必勝プログラムが、多くの方に受け入れられた最大の理由でしょう。

子どもの受験を成功させようと思ったとき、最初に考えるのが塾です。塾に入れて、成績が上がり、志望校に合格できた子ももちろんいます。

でも、残念なことに、塾に入れただけで成績が上がる子は少ないのが実情です。なぜなら、ほとんどの子は学習塾に毎週2〜3回しか通っていません。それ以外の時間は自宅で勉強するからです。

つまり、塾に入っている子であっても、自宅での勉強効率を上げない限り、志望校の合格率は上がらないのです。

勉強の弊害となっている、スマホやゲーム機を取りあげるという方法もあります。

でも、スマホやゲーム機を取りあげようとすると、子どもが反発し喧嘩になったりしませんか？　上手く取りあげられたとしても、空いた時間で勉強するようになりましたか？　多くの場合、スマホやゲーム機を取りあげても、そのぶんを勉強にあてることはないというのが現実です。


このように、従来、多くの親が子どもによかれと思ってやっていることは、お金がかかったり、子どもとの関係が悪くなったりするものばかりで、あまり功を奏していないことがほとんどです。

今までいろんな方法を試したけど、子どもが勉強するようにならなかった。それどころか、勉強の話をするたびに子どもと言い争いになり、部屋に引きこもって、スマホやゲームをするようになってしまった……。そんなお父さんお母さんを、私はたくさん見てきました。

と同時に、私が提唱する高校受験必勝プログラムを始めることで、親子関係が変わり、今までまったく勉強しなかったのに、短期間で熱心に勉強に取り組み出した子どももたくさん見てきました。

ただ合格するだけじゃない。高校生活が100倍楽しくなる！

また、単に高校に合格できるだけで終わらないのも、この高校受験必勝プログラムの注目すべきところ。高校って、何のために行くものでしょうか。楽しい高校生活を送り、卒業後の人生を充実させるためですよね。

つまり、いくら偏差値の高い高校に行けたとしても、子どもが通っていて「楽しい」「この高校に進学してよかった」と思える高校生活を送れないと、意味がありません。

この高校受験必勝プログラムなら大丈夫。進学した高校で、部活、恋愛、友達関係など、すべての分野において充実した生活を送ることができるようになります。

また、高校卒業後の人生を考え、大学入試や就職試験に向かって勉強を頑張ることができるようにもなります。なぜなら、第2章で紹介する、子どもが心の底から進みたいと思う進路＝「アクティブ進路」を見つけて、志望校を決めていくからです。

私は今まで、多くの人たちがこの高校受験必勝プログラムに出合うことで、人生が変わっていくのを目の当《ま》たりにしてきました。

学校に行きたくない気持ちを乗り越えて志望校に合格した子。偏差値的に就職しか選択肢がなかった状態から自ら勉強を始め、全日制の高校に合格した子。オール5を獲得し、超有名大学付属高校に合格した子……などなど。

高校受験必勝プログラムで志望校に合格した子の事例を数えると、ゆうに1000は超えていると思います。「次は、あなたのお子さんにも人生を変えてほしい」、私はそう願っています。

本書を読むだけで、誰でも高校受験必勝プログラムをマスターできる

私が開催する勉強会に参加されたお父さんお母さんは、口を揃えてこうおっしゃいます。

「もっと早く、道山先生に出会えていればよかった」

そんな声をいただくたび、私は「もっとたくさんの子どもたちの受験を成功に導きたい」という気持ちになりました。

プロローグ　子どもが自分から勉強し、合格をつかめる！道山流・高校受験必勝プログラム

「1日も早く、この高校受験必勝プログラムを世界中の親子にお届けしたい」

そんな一念で、このたび本書の出版を決意しました。

ここで紹介する道山流・高校受験必勝プログラムは、私が中学校の教師時代に学級崩壊を起こしていたクラスを、志望校に97％合格させた体験がベースになっています。

通常の勉強会では、声に出したり、紙に書いたり、体を動かしたりして、この高校受験必勝プログラムをマスターしていただいています。ただ、このような環境をすべての方にお届けするには、まだまだ時間がかかることでしょう。

そこでいち早く、この高校受験必勝プログラムを習得していただくために、誰でも自宅でできる実践ステップを開発しました。それが、本書というわけです。

あらかじめ、私のメルマガ読者やＬＩＮＥ友達、合わせて約5万人の方にも、この方法を試してもらいましたが、ほとんどの方がスムーズに実践でき、子どもの受験を成功させることができています。

この5つの言葉をやめるだけで、子どものやる気は3倍に！

「では、さっそく、その高校受験必勝プログラムをお伝えしましょう」

と言いたいところなのですが、その前に一つ意識していただきたいことがあります。

それは、「これからお伝えする5つのイライラ言葉を言わないようにする」ことです。

なぜなら、この言葉を言えば言うほど、子どもがイライラして親の話を聞かなくなってしまうからです。そうなると、この高校受験必勝プログラムを実践できなくなってしまいます。

そこで、今日から1か月だけ、このあと紹介する5つのイライラ言葉を言うのを我慢してみてください。最初は大変かもしれませんが、子どもが自ら勉強するようになってくると「言わないほうが得」ということがわかると思います。そこまでの辛抱です。

先にお伝えしておくと、おそらくこの言葉、あなたも一度や二度は使ったことがあると思います。頻繁に使っている場合、この言葉を知って落ち込んでしまうかもしれません。

でも、安心してください。

ほとんどの親が、この言葉を多用しています（笑）。

落ち込むのではなく、本書を購入してくれた他の方や、私のメルマガ読者と一緒に、少しずつ減らしていきましょう。そうすれば、お子さんの受験は必ず成功します。

心の準備はできましたか？

では、5つのイライラ言葉を紹介します。

1 「早く勉強しなさい！　今の学力じゃ高校に行けないわよ」

→子どもが勉強していない姿を見ると、つい叱ってしまう

「勉強しなさい」

この言葉は、多くのお父さんお母さんが、手っ取り早く子どもを勉強させたいと思った

ときに使ってしまう言葉です。

私も中学校の教師時代、子どもたちに「次のテストで、学年でクラス順位1位を取るために勉強しなさい」と、口うるさく言っていた時期があります。すると子どもたちは、勉強するどころか授業中に友達とおしゃべりをするようになりました。また、提出物もまったく出さなくなりました。

「あいつ（私のことです）、勉強の話ばかりでウザイ」

と陰口を叩かれるようにもなりました。その結果、担当したクラスは1位どころか、学年最下位を取ってしまったのです。

なぜ、こんなことが起きてしまったのでしょうか。それは、思春期の子どもというのは、強制されるとやりたくなくなる生き物だからです。

子どもを勉強したい気にさせるのが高校受験必勝プログラム

そこで、お子さんの受験を成功させるとき、最初に意識してほしいのが「勉強しなさい」という言葉を使わないようにすることです。

私の経験上、本書を読んだ方の3割くらいは、この言葉を使わないようにするだけで、子どもが自然に勉強を始めるようになるはずです。子どもが自らの意思で勉強するようになれば、定期テストの点数も右肩上がりに上がるようになります。その結果、第一志望の高校にも合格できるのです。

もちろん、毎日10回「勉強しなさい」と言っていたのを、いきなり0回にするのは難しいと思います。つい、子どもに「勉強しなさい」と言ってしまい、「ああ、また言ってしまった……。私って本当に母親（父親）失格かも」と落ち込んでしまうこともあるかもしれません。

安心してください。1、2回言ってしまった程度で落ち込む必要はありません。いきなり0回にしようとするのではなく、まずは10回言っているのを5回にしてほしいのです。

「勉強しなさい」の代わりに、この言葉で子どもの心に火をつける

「勉強しなさい」という言葉を使わない代わりに、一つ使っていただきたい言葉がありま

す。それは「何か手伝えることある？」という言葉です。

「勉強しなさい」という言葉は命令です。

「何か手伝えることある？」という言葉は提案であり、気づかいです。

人は命令をされると、反発しようとします。しかし、気づかいをされると、自分の気持ちに素直になれます。その結果、「一人で勉強するのが大変」と感じているなら、親に協力を求めることができるでしょう。

定期的に子どもを気づかう言葉をかけることで、親子で一緒に、受験合格を目指して頑張っていく関係が築けるようになるのです。

2「なに、このひどい点数……。次のテストまでスマホは没収だからね」

↓テストの成績が下がると、スマホやゲーム機を取りあげてしまう

テストの成績が下がると、子どものスマホやゲーム機を取りあげてしまう方も多いです。

しかし、冒頭でも述べたように、この方法で、子どもの成績が上がることはありません。

なぜ、スマホやゲーム機を取りあげても、成績が上がらないのでしょうか。

答えは「空いた時間を勉強時間にあてないと、成績は上がらない」からです。

多くの場合、スマホやゲーム機を取りあげたところで、空いた時間がテレビ、昼寝、漫画に代わるだけです。

では、どうしたらいいのでしょうか？

スマホやゲーム機を取りあげる代わりに、こう提案

もしスマホやゲームを取りあげるなら、最初にあることをしておく必要があります。

あることとは、「約束」です。あらかじめ、

「次のテストで○点以下だったら、しばらくスマホをあずかるね」

と約束をして、子どもが納得したうえであずかるようにするのです。そうすれば、子どもが反発することはありません。

このとき、大事なポイントが2つあります。

1つ目は、「取りあげる」という表現ではなく「あずかる」という表現にすることです。なぜなら、「取りあげる」だと上から押し付けている感じになるので、子どもの反発を買いやすくなるからです。一方「あずかる」だと、子どものために協力しているというニュアンスになるので、子どもも受け入れやすくなります。

2つ目は、スマホをあずかる条件を親が一方的に決めないことです。

現在、子どもの点数が5教科合計250点前後だとしましょう。この状態で、「次のテストが350点以下だったらスマホ取りあげ」

と言ったら、どうでしょう。おそらくお子さんは、

「そんなの無理！　じゃあやらない」

と反発します。親が一方的にルールを決めるのではなく、

「次のテスト、どれくらいなら取れそう？」

と子どもの気持ちを聞いてあげましょう。お子さんが、

「280点くらいなら頑張れそう」

と言うなら、まずは、

「280点以下だった場合、次のテストまでスマホをあずかるね」

というルールにすればいいのです。目標は少しずつ上げていけばいいので、最初の段階では高過ぎる条件にしないようにしましょう。

3「もう3年生だから塾に入りなさい」
↓3年生になるタイミングで、とりあえず塾に入れようとする

学習塾は、子どもの成績を上げるうえで、非常に効果的です。素晴らしい指導方針の塾に入れれば、成績が上がる可能性は確かに高いでしょう。

ただ、一つ思い出してほしいことがあります。

あなたの周りにいるママ友やパパ友から、

「うちの子、塾に入れたら一気に成績が上がってびっくりしちゃった」

という声をどれくらい聞いたことがあるでしょうか。おそらく、ほとんどないのではな

いでしょうか。たとえ地域に優秀な塾があったとしても、「成績が上がった」という声を聞くのは、せいぜい1人か2人だと思います。それどころか、「高い塾に入れているのに、全然成績が上がらないわ」という愚痴を聞くこともあるのではないでしょうか。

塾に通わなくても、高校に合格することは誰でも可能

もし、お子さんが「塾に行きたくない」と言っているなら、無理に入れる必要はありません。本書で説明していくステップで、あなた自身がお子さんをサポートしていけば、塾なしで成績を上げることができます。

その証拠に、私のメルマガ読者である前田さん（仮名）は、学習塾に通うことなく内申点45を取ることができています。内申点45というのは、オール5ということです。大学でいうと、東大を目指せるレベルということです。

もちろん、あなたのお子さんも同じことが可能です。

また、私のメルマガ読者である松浦さん（仮名）は、成績が下がってきたので塾をやめま

した。

通常、塾をやめた子はますます勉強しなくなるのですが、松浦さんのお子さんはテストの1か月前から自ら勉強するようになり、見事V字回復することができました（5教科合計408点から433点にアップ）。

このように、高校受験必勝プログラムを実践していけば、「塾をやめたのに成績が上がる」という、普通では考えられないようなことも起こり得ます。

塾に行って伸びる子、伸びない子の違いとは？

勘違いされるといけないので、もう一度お伝えします。塾に入ることが悪いのではありません。世の中には、素晴らしい塾がたくさんあります。そういった塾と上手に連携を取っていけば、成績が上がるスピードも加速します。

実際に私がサポートしている方の半数くらいは、塾や家庭教師と併用しながら本書の高校受験必勝プログラムを実践しています。成績を上げるために、突然塾をやめないといけないということではありません。

ただ、子どもが「行きたくない」と言っているのに無理やり塾に行かせても、成績は上がらないということです。そこで、塾に入れようかどうか検討しているなら、一度お子さんの気持ちを確認してみましょう。

「来年は受験だけど、塾はどうする？」

という感じで声をかけてみてください。お子さんが「A君が行っている塾に行きたい」と言うなら、塾を活用したほうが成績は上がりやすくなります。

4「この問題集を使いなさい。有名な先生がテレビで紹介していたから」

↓Amazonで受験対策問題集を購入し、子どもに渡す

私は、勉強会やメルマガを通して、成績が上がるおすすめ問題集を紹介しています（192ページ～にまとめてあるので、気になる方はチェックしてみてください）。

そういった問題集を紹介すると、多くの方がそれを購入し、子どもに渡します。伝えたことをすぐに実践するというのは素晴らしいことなのですが、実はこの行動をとった瞬間、問題集の効果は10分の1になります。

どういうことか説明しましょう。

書店で売られている問題集には、わかりやすいものもあれば、そうでないものもあります。

できることなら、わかりやすい問題集を使って勉強したほうが、成績は上がりやすいのは間違いありません。しかし、それ以上に大切なことは、子ども自身が自らの意思で問題集を選ぶことです。どれだけ使いやすい問題集であっても、人から押し付けられたものでは、やる気が出ないからです。

問題集選びで最も大切なポイント

つまり、問題集選びで最も大事なのは、「子どもに選ばせる」ことです。運悪く、子どもが使いづらい問題集を選んでも問題ありません。一度試してみて、使いづらいと感じたら、そのタイミングで次の問題集を買えばいいからです。

「道山先生、それではお金の無駄なのではないでしょうか」

と思われるかもしれません。確かに、お金のことだけで考えると、１０００円ほど損したかもしれません。

しかし、この経験を通して子どもは、使いやすい問題集と使いづらい問題集を見分けられるようになりました。勉強していくうえで大切な知恵が、一つ身についたということです。長い目で見ると、このときに失った１０００円は、何倍にもなって返ってくるのです。

子どもに適切な問題集を選ばせるコツ

新しい問題集や参考書を購入しようと思ったら、お子さんに「今週末、一緒に本屋に行って問題集を探そうか」と声をかけるのがいいでしょう。実際に本屋に行って、子ども自身に問題集を選ばせるのです。どうしても子どもに使ってほしい問題集があるなら、次のような形で提案してみることをおすすめします。

ステップ①　お子さんに、「何か使いやすそうな問題集は見つかった？」と聞いてみる。

ステップ②　「うーん、どれも微妙かな」という反応が返ってきたら、

「たとえば、この問題集なんてどう？」という感じで提案してみる。

親が使ってほしい問題集を押しつけるのではなく、数ある問題集の中の候補の一つに入れてもらうのです。特にこだわりのない子どもであれば、

「まあ、どれも似ているから、お母さんがすすめてくれた問題集にする」

と言って、あなたのおすすめ問題集を手に取ってくれるかもしれません。

5 「偏差値40のA高校より、50のB高校のほうがいいに決まっているでしょ」

↓1つでも偏差値が高い高校に進学させようとする

日本は学歴社会です。中学校や高校は、子どもたちの成績で順位をつけているのがその

証拠です。すると、私たち日本人は知らないうちに「少しでも偏差値の高い高校に入ることができたら受験成功」と思ってしまいます。

私は、この状態を「偏差値ノイローゼ」と呼んでいます。

偏差値ノイローゼになると、高校を決めるとき、子どもに向かって「少しでも偏差値の高い高校を目指しなさい」と、当たり前のように言ってしまいます。子どもがA高校とB高校で悩んだ場合も、「普通、偏差値の高いA高校を選ぶでしょ」と即答してしまいます。

もちろん、偏差値が高い高校が悪いわけではありません。ただ、無理をして偏差値の高い高校に進学させると、高校進学後、地獄のような生活を送ることになります。

ここで少し、私の高校時代の話をしましょう。

偏差値の高い高校に入るのが、子どもを幸せにするとは限らない

私は市内でもトップレベルに偏差値が高い高校に通っていました。といっても、地方の学校なので、偏差値は60くらいです。それでも一応、市内ではトップ校だったので、各中

学校の成績上位5％くらいの子は、私が通っていた高校を受験していました。

もちろん、電車に乗って都心にあるさらに偏差値が高い高校を受験する子もいましたが、地元の勉強ができる子のほとんどは、「電車で通うのが面倒」という理由で、私が通っていた高校を受験していました。

つまり、偏差値60の高校とはいえ、東大や京大を受けるような、超優秀な子も通っていた学校だったのです。

偏差値が高い高校に進学すると、勉強についていくのが大変です。私自身も、最初のテストで320人中319位を取ってしまいました。あとから聞いた話だと、1名は欠席だったそうなので、実質学年ビリからのスタートとなってしまったのです。

中学生のときは、常に上位10％以内の順位だったので、この結果を見て、かなり落ち込んだのを今でも覚えています。幸いなことに、私は勉強がそこまで嫌いではなかったので、その後50位くらいまで順位を上げることができました。

そして、現役で国立の教育大学に進学し、夢である中学校教師になることができました。

しかし、同級生の中には、そこまで勉強が好きでもないのに、推薦入試でギリギリ合格して、通っていた子もいました。

そういった子たちの高校生活は、大変です。

レベルの高い子たちについていかないといけないので、毎日勉強ばかりの生活になります。勉強する時間がなくなるので、大好きな部活をやめる子もいました。それでもついていけない子は、テストのたびに赤点を取り、留年しました。

つまり、次の学年に進学できないため、4月から、後輩と一緒にもう一度同じ授業を受けることになるのです。

想像してみてください。ものすごい屈辱ですよね。

その結果、留年した子の多くは学校をやめました。せっかく、勉強を頑張って市内でもトップレベルの高校に進学した子が、授業についていけないという理由で、

・通信制高校や定時制高校に転校する
・高校をやめて、就職する（最終学歴は、中卒になる）

ことになってしまったのです。

この条件で高校を選べば、子どもは勉強を頑張れる

高校を転校したり、退学したりすることがすべて悪いわけではありません。時には、いじめや親の転勤などの理由で転校することもあるでしょう。

しかし、勉強についていけないという理由で転校したり、退学したりすると、ここまで頑張ってきた努力がすべて水の泡になります。そんな事態だけは、絶対に避けなければいけません。

大事なことなので、もう一度繰り返します。

高校受験を進めていくうえで絶対にやってはいけないミスが、「高校進学後に退学する」ことなのです。高校を卒業するとき、「この高校に進学できて本当によかった」と心の底から感じることができてはじめて、「受験が成功した」と言えるからです。

そういった高校生活を送れると、子どもは「大学生活も楽しみたい」と思います。その結果、勉強を頑張ることができるので、大学受験の合格率も大きく上がるのです。

うまくいくと、現役で国立大学や名門私立大学に進学できるかもしれません。


では、どのように受験を進めていけば、楽しく充実した高校生活を送ることができ、目標を持った状態で卒業することができるのでしょうか。


一番大事なポイントは**「偏差値以外の条件で進路を選ぶこと」**です。

偏差値は無視して、お子さんが行きたいと思う条件や学科などで、志望校を選ぶのです。

私が学年ビリから這《は》い上がり、現役で国立大学に合格できたのは、当時の私が求めていた、

・自宅から近く、自転車で通える
・自由な校風で、髪型の規則がゆるい
・親の経済的な負担が少ない、公立高校

だったからです。

あなたのお子さんも同じです。自分が行きたい条件に合う学校であれば、その学校に通い続けるために勉強を頑張ることができるのです。

3つのステップで、どんな子でも必ず志望校に合格できる！

ここまでにお伝えした内容を、少し整理してみます。お子さんの受験を合格させるために大事なことは、

・無理に、勉強させようとしない
・無理に、スマホやゲームを取りあげない
・無理に、行きたくない塾に行かせようとしない
・無理に、親が選んだ問題集を使うようにすすめない
・無理に、偏差値の高い高校を目指させようとしない

ということです。何か気づいたことはないでしょうか？

そうです。私が提案する高校受験必勝プログラムというのは、「無理にさせない」というのがキーワードなのです。

子どもが嫌がっているのに無理に何かをさせる行為を、「過干渉」と言います。過干渉は、子どもが最も嫌がる接し方です。今、世の中で問題になっている、

・不登校や引きこもり
・リストカットなどの自傷行為
・スマホ、ゲーム、YouTube依存
・親に対する暴言や暴力

などの9割は、過干渉が原因です。定期テストや高校受験も同じで、過干渉の子育てをすると、子どもは勉強しなくなります。

そう言うと、

「道山先生、じゃあ親は何も言わずに放っておけばいいのでしょうか。うちの子、何も言わなかったら、絶対に勉強しないと思うのですが……」

という声が、聞こえてきそうですね。でも、安心してください。無理に勉強させようとしなくても、子どもが自ら「勉強したい」と思うように仕向ければいいのです。そして、その気持ちを作るのは、非常に簡単で、誰にでもすぐにできます。

次の3つのステップを実践するだけで、子どもは自らの意思で勉強を頑張るようになります。その結果、高校受験の合格率もグングン上がっていくのです。

ステップ1　「愛情銀行」の預金残高を増やす

最初にすべきことは、親の愛情を的確に子どもに伝えることです。

なぜなら、子どもは親から愛されていると感じると、日々の生活に不安を感じることがなくなるからです。その結果、勉強や部活など、子どもが頑張るべき行動をすることができるようになります。

子どもの心には、親の愛情を受け止める容器があります。私はこの容器を「愛情銀行の預金口座」と呼んでいます。銀行にお金を預けると預金残高が増えるように、親の愛情が子どもに的確に届くと、愛情銀行の預金残高が増えていきます。

子どもの受験を成功させたいと思ったとき、まずはこの預金残高を増やすことが最初のステップになるのです。

また、預金残高が増えると、子どもは親のことを信頼します。すると、親の話を聞いてくれるようになるので、ステップ2でお伝えする進路の話ができるようになります。その結果、子どもが自ら勉強したいと思える進路を、一緒に探すことができるのです。

愛情銀行の預金残高が増えると、もう一つメリットがあります。子どもが家にいるのが楽しくなるのです。

すると、家にいるだけで、日々のストレスを解消できるようになります。多少学校で嫌なことがあっても不登校にならず、頑張って通い続けることができるようになるのです。

私がこれまでに、1万人以上の子どもの成績を上げたり、受験を成功させたり、不登校やスマホゲーム依存などの問題行動を解決したりすることができた秘密は、「愛情銀行の預金残高を増やすことから始めるように」アドバイスしたからです。

本書の第1章で、さらに詳しい愛情銀行のメカニズムや、どんな子でも短期間で預金残高が増える方法を紹介します。

ステップ2　「アクティブ進路」を見つける

次に行うのは、「子どもが心の底から進みたいと思う進路」を見つけるサポートをすることです。

私はこの進路を「アクティブ進路」と呼んでいます。

中学生の子どもが選ぶアクティブ進路は、通常「高校」です。これが見つかると、子どもは何も言わなくても勉強するようになります。

「何がなんでもこの高校に合格して、楽しい3年間を送りたい」と思うからです。つまり、アクティブ進路を見つけることができれば、二度と子どもに「勉強しなさい」と言わなくてもすむのです。

「道山先生、そんな進路、簡単に見つけることができるのでしょうか？」

と思うかもしれません。安心してください。本書の第2章にまとめた方法を行えば、どんな子でも最短1日で「アクティブ進路」を見つけることができます。

ただし、アクティブ進路は子どもだけで見つけられるものではありません。親であるあなたのサポートが必要です。探し方を丁寧に教えてくれる学校や塾も、まずありません。

そこで、本書を使って、親子で一緒に探していくことが重要なのです。

子どもの進路だけでなく、今の仕事が楽しくない、人生をもう一度やり直したい、と悩んでいる大人の方にも役立つ方法でもあります。

ステップ3 「脇役サポート」を行う

最後に行うのは、「短期間で成績が上がるように、勉強をサポートすること」です。

このとき大事なポイントは、「親が出しゃばり過ぎず、子どもが望むことだけをサポートすること」です。私はこれを「脇役サポート」と呼んでいます。

なぜ、脇役サポートが大事なのでしょうか。たとえば、子どもが求めていないのに、

「漢字は単語カードを使ったほうが覚えやすいよ」
「ノートにまとめるよりも、問題集を解いたほうが頭に入るよ」
と親がアドバイスをしてしまうと、子どものやる気はなくなります。思春期の子どもというのは、自分が頼んでもいないことをいろいろ言われると、イライラするからです。

では、親は何も言わず、勉強はすべて子どもに任せればいいのかというと、そうではありません。自己流で勉強すると、学力が上がるのに時間がかかるからです。

大事なことは、親はあくまでも脇役ということを意識し、「子どもが求めてきたタイミングで、上手に効率のいい勉強方法を伝えること」です。

本書の第3章では、脇役サポートを行う5つの手順をまとめました。この手順通りにお子さんをサポートしていただければ、常にやる気がある状態で勉強を頑張ることができます。

また、普段私が有料の勉強会でお伝えしている「最速で偏差値が上がる！　3ステップ受験勉強法」もまとめました。オール5を取っている子が使っている勉強テクニックです。

お子さんに伝えることができれば、高校受験当日の点数はもちろん、目の前の定期テストの点数も大幅にアップするはずです。

大学受験、就職試験にも使えるテクニックなので、この先の長い人生で「成績が上がらない」と悩むこともなくなります。

資格試験、漢字検定、英語検定、TOEICなどにも活用できるので、お父さんお母さんにも役立つ内容です。

このように、高校受験というのは、親の力で9割合格させることができます。

たとえ、今お子さんが不登校、スマホゲーム依存、親に対する激しい反抗期……でまったく勉強していない状態であっても、関係ありません。お子さんが今どんな状況にあっても、志望校に合格させることができるのです。

では早速、第1章で高校受験必勝プログラムの中で最も大事な「愛情銀行の預金残高を増やす」方法について、詳しく説明していきます。

高校受験　志望校に97％合格する親の習慣

目次

目次

第1章 受験合格ステップ❶
「愛情銀行」の預金残高を増やす

目次

04

不登校やスマホ依存……問題行動の８割は「親から愛情をもらうため」

第3章　受験合格ステップ❸
「脇役サポート」をする

目次

本文デザイン&DTP/平塚兼右、矢口なな(PiDEZA Inc.)
カバーイラスト/K.M.S.P./PIXTA
本文イラスト/根津あやぼ
出版プロデュース/エリエス・ブック・コンサルティング

第1章

受験合格ステップ 1

「愛情銀行」の預金残高を増やす

01

「愛情銀行」とは、子どもの心の中にある親の愛情を受け止める容器

「愛情銀行」とは、前述したように、人間なら誰の心の中にもある、愛情を受け入れる預金口座です。

人は第三者から愛情をもらうと、預金残高が増えます。一方、愛情を感じない対応をされると残高が減ります。

たとえばあなたが実家に帰ったとき、お父さんやお母さんがあなたの大好きなからあげを作って、待っていたとします。すると、「私のために、わざわざ作ってくれたんだ」と親の愛情を感じますよね。その結果、あなたの中の愛情銀行の預金残高が増えます。

一方、あなたが実家に帰ったとき、

「先週も帰ってきたばかりじゃない。あなたが帰ってくると、ご飯を作る量が増えて大変なんだから、そんなに頻繁に帰ってこないで」

と言われたらどうでしょうか。悲しくなりますよね。「私って、お母さんから愛されて

いない」と感じるはずです。すると、愛情銀行の預金残高が減ります。

このように、自分の親やパートナーから愛されていることを実感すると、愛情銀行の預金残高は増え、愛されていないと感じると、預金残高が減っていくのです。

子どもが勉強するための一番の原動力は……

「志望校に合格させるために、なぜ愛情の話？」と思われたかもしれません。理由はシンプルです。親が子どもの受験を成功させたいと思ったとき、最初にやるべきことが「愛情銀行の預金残高を増やすこと」だからです。

なぜ、預金残高が増えると受験が成功するのでしょうか？　人間というのは、人から愛されていると感じたときにはじめて、安心して行動（勉強）することができるからです。

この仕組みについて、一般的な銀行を例に考えてみましょう。

たとえば、銀行の預金残高が多い状態だと、私たちは安心して生活することができます。

日本に住んでいる場合、３００万円ほど預金があれば、当面は安心して暮らせるでしょうか。多少出費が重なっても、家賃が払えなくなったり、食べるものがなくなったりすることがないからです。

一方、何らかのトラブルで急きょ大金が必要になり、預金残高が０になったとします。すると、不安で落ち着かなくなりますよね。追加でさらにお金が必要になった瞬間、誰かにお金を借りないといけなくなります。

一歩間違えると、今借りている家から追い出されたり、家や家財道具を売って生活したりしないといけなくなります。こんな状態では、安心して生活することはできません。

愛情銀行も、仕組みは同じです。

預金残高が少ない状態、つまり「自分はお父さんやお母さんから愛されていない」と感じると、毎日の生活に不安を感じるようになります。何か学校でトラブルが起きても、助けてもらえないと思うからです。

こんな状態では、勉強を頑張ることはできないですよね。

一方、預金残高が多い状態だと、毎日安心して生活することができます。

愛情銀行のしくみ

愛されていると感じられると……

→愛情銀行の残高が増える
→安心して生活することができるようになる
→受験勉強も頑張ることができる

愛されていると感じられないと……

→愛情銀行の残高が減る
→何かあっても助けてもらえないと感じる
→受験勉強を頑張る気になれない

「お父さんもお母さんも私のことを愛してくれている。私が何か困ったら、いつでも助けてくれる」という気持ちになるからです。

すると、心に余裕ができるので、つらい勉強も頑張ることができるようになるのです。

愛情預金を増やしただけで、定期テストで最高得点を獲得した加藤さんの例

大事なことなので繰り返します。人間というのは「人から愛されている」と感じるからこそ、行動（勉強）することができます。私のメルマガ読者である加藤さん（仮名）の事例を紹介しましょう。

加藤さんのお子さんは、小学生までは親の言うことを何でも聞く子でした。しかし、中学生になったとたんに親の言うことをまったく聞かなくなり、毎日のように親子喧嘩をするようになりました。

困った加藤さんは、インターネットで解決策を探したところ、私を見つけました。それから、私のメルマガを読み始めてくれました。

当時の加藤さんは、子どものためだと思って、毎日勉強や受験の話をしていました。し

かし、お子さんは「勉強や受験の話なんてしたくない。もっと学校で起きたこととか、部活の話とかをしたい」と思っていました。

つまり、知らないうちに子どもが嫌がる会話ばかりしていたのです。

子どもが嫌がる話をすると、預金残高は大きく減ります。その結果、加藤さんのお子さんは残高不足に陥《おちい》りました。勉強はほとんどしなくなり、毎日親子喧嘩ばかりするようになってしまったのです。


そこで加藤さんは、いったん勉強や受験の話をするのをやめました。そして、このあと説明する、愛情銀行の預金残高を増やす５つの手順を進めていきました。

すると、徐々に親子喧嘩が減っていきました。それだけではなく、子どもが自ら勉強するようにもなりました。最終的に、定期テストでこれまでの最高得点（５教科合計５００点満点中４４４点）を獲得することができたのです。

このように、人は誰かから愛されていると感じるからこそ、行動することができます。勉強も同じで、親の愛情がきちんと子どもに伝わり、愛情銀行の預金残高が増えれば、子どもは自ら勉強を頑張るようになるのです。

02

預金残高が増えると、親を信頼するため一緒に受験対策ができるようになる

わが子が高校受験で成功するには、4つのステップが必要になります。

ステップ1　志望校を決める
ステップ2　勉強計画を立てる
ステップ3　効率の良い勉強を行って、偏差値と内申点を上げる
ステップ4　受験当日に、実力を発揮する

の4つです。これらは、大人からするとそこまで難しいものではありません。しかし、中学生の子どもからすると、たった一人で海外旅行に行くのと同じくらい難しいことなのです。

そこで大事なのが親のサポートです。

ただ、愛情銀行の預金残高が少ない状態だと、子どもは親と話をすることを避けようとします。預金残高がマイナスの状態（借金状態）になると、「親に頼るくらいなら、受験なんてやめて働いたほうがまし」と思う子すら出てきます。この状態では、受験が成功することはありません。

子どもの人生を決める進路を親子で一緒に考えるためにも、愛情銀行の預金残高を増やすことが大事なのです。

愛情銀行の預金残高の違いで、子どもの行動はこう変わる！

ここで一度、お子さんの預金残高がどれくらいあるか、チェックしてみましょう。63ページの表は、預金残高別での子どもの様子を一覧にしたものです。お子さんの行動に一番近いものはどれでしょうか。似ているものがあれば、○を付けてみてください。

思い当たる状態は、どれだったでしょうか。残高がプラスであれば、とりあえずひと安心されたかと思います。残念ながらマイナスだと、「私がこれまでに行ってきた子育てが間違いだったのかな」と思い、落ち込んでしまうかもしれません。

でも、安心してください。仮に残高がマイナスだったとしても、それはあなたのせいではありません。

預金残高が低かったとしても、それは親のせいではない

その証拠に、これまであなたは「子育て」を本格的に学んだことはありますか？

おそらく、ないですよね。今の日本には、「子育てを学ぶ環境」や「子育ての仕方をまとめた教科書」がありません。そのため、ほとんどの方は、手探り状態で子育てを始めるのです。つまり、失敗して当然なのです。

また、思春期は子どもが成長する過程で最も心が不安定な時期です。そのため、小学校低学年までであればイライラしなかったことでも、すぐにイライラします。少し嫌なことがあるだけで、落ち込んだりもします。

これでは、子どもへの接し方が上手くいかなくても、無理もないですよね。

預金残高別 子どものよくある言動
～愛情銀行の預金残高、どれくらいありますか？～

預金残高	子どもがする行動
300	友達や恋愛の悩みを相談してくる。「お母さん、今度一緒にイオンに買い物行こうよ」と言って、自ら進んで親と一緒に出掛けようとする。親が頼んだことは、嫌がらずに手伝ってくれる。
200	学校で起きたたわいもないできごと（部活の試合結果や先生の愚痴など）を話してくれる。親がアドバイスや頼みごとをしたら、とりあえず耳は傾けてくれる。何でも話してくれるわけではないが、本当に困ったとき（いじめられているなど）は相談してくれる。
100	朝起きたとき「おはよう」、寝る前に「おやすみ」と挨拶はしてくれる。学校からの連絡を親に伝えるなど、事務的な話はしてくれる。自分に都合がいいこと（丸付け手伝って、新しいゲーム買ってなど）は、お願いしてくる。
0	こちらから話しかけたとき「うん」「まあ」など、とりあえず返事はしてくれる。積極的に子どもから話しかけてくることはない。見たいテレビがあるときはリビングに来るが、それ以外は自分の部屋にいることが多い。
−100	門限を破ったり、スマホやゲームを時間内にやめられなかったりする。親が何かを言うと嫌な顔をする。リビングにいることは少なく、基本的に自分の部屋にいる。親を避け始めている状態。
−200	なんとか学校には行くが、完全に親を避けている状態。たまに遅刻をしたり、学校で問題を起こしたりする。親が話しかけても無視することがある。少し気に入らないことがあると、すぐにイライラして大声を出したりするが、暴力はない。
−300	常に部屋に引きこもって、ひたすらスマホやゲームをしている。学校にも行かず、昼夜逆転生活。勉強も宿題もやらない。親が話しかけると「うるせえ」「黙れ」など暴言を吐き、ひどいときは家の中で暴れる。

実は、学校の先生も同じです。私は国立の教育大学出身なのですが、私が通っていた学科には「思春期の子どもへの接し方」「思春期の子どもの心理」を学ぶ授業はありませんでした。

学科によってはあるかもしれませんが、少なくとも私と同じ学科に通っていた30名の友人（私以外、全員現役で教師をしています）は、みんなそのことを学ばずに教師になっています。

その結果、私は教師時代にたくさんの失敗をしました。図らずも子どもの心を傷つけてしまったことも何度かあります。あなただけではなく、当時教師をしていた私も、最初は失敗続きだったのです。

ですから、たとえ預金残高がマイナスであっても、落ち込む必要はありません。

むしろ本書を手に取り、購入された時点で、あなたは他の方以上に子どもの未来をしっかり考えている素晴らしい親です。次項で説明する5つの手順に沿ってお子さんに接していけば、預金残高はすぐに増えます。気づいたときには、子どもが勝手に勉強を始めるようになるので、志望校合格が現実のものとなるのです。

上手くいけば子どもの才能も開花するので、将来世界で活躍することができるでしょう。

03

共働きやひとり親でも大丈夫！
短期間で預金残高が増える5つの手順

では、短期間で愛情銀行の預金残高を増やす手順について説明していきます。

現在、共働きやひとり親世帯で子育てを頑張っている場合、どうしても子どもにかけられる時間が少なくなると思います。

その場合、「勉強」のことはすべて塾、「受験」のことはすべて学校に任せても構いません。

ただし、愛情銀行の預金残高を増やすことだけは、親であるあなた自身が実践してください。

極端な話、この章で紹介する方法を実践していただくだけでも、たいていのお子さんの受験を成功に導くことができます。

①挨拶：子どもを名前で呼び、「おはよう」「おかえり」と笑顔で挨拶をする

最初に意識していただきたいのは、子どもを名前で呼ぶことです。

お子さんの名前が「たける」なら、「たける」「たけちゃん」「たーくん」などと呼びましょう。

「えっ、そんなの当たり前じゃないですか？」

と思われたかもしれません。すでに名前で呼んでいるなら問題ありません。

ただ、最近、子どもを名前で呼ばず、「ねえ」「あんたさー」などと呼ぶ親が増えています。お父さんだと「おい」「お前」と呼ぶ方もいます。こういった言葉を使うと、知らないうちに預金残高は減っていきます。

なぜなら、子どもは親が名前で呼んでくれると親しみを感じるからです。親しみを感じるからこそ、心を開きやすくなります。すると、たわいもない話をしたり、悩みを相談したりすることができるのです。

現在、無意識に「ねえ」「あんた」「お前」「おい」などと子どもを呼んでいるなら、ま

ずは名前で呼ぶ回数を増やしてみましょう。ちょっとした変化ですが、これだけで預金残高は増えます。

1日3回、笑顔で挨拶することのすごい効果

次に意識していただきたいのが、毎日挨拶をすることです。

朝起きたときに「おはよう」、子どもが帰ってきたら「おかえり」、寝る前に「おやすみ」。この3つを、笑顔で実践してみてください。それだけでも、預金残高は増えます。なぜなら、挨拶をすることで子どもと接する頻度が増えるからです。

心理学ではこれを「ザイアンス効果」と呼びます。

ザイアンス効果とは、繰り返し接すると好意度や印象が高まるという効果です。

1週間に1回しか会話をしない人よりも、毎日必ず会話をする人のほうが、仲良くなりますよね。親子関係も同じで、子どもと話したり接したりする頻度が増えれば増えるほど、預金残高は増えやすくなるのです。

参考までに、私が教育実習のときに通っていた中学校では、毎朝「挨拶運動」を行って

いました。朝、教師が校門に立って、子どもたちに「おはよう」と挨拶をするのです。また、私が勤務していた学校では、下校指導に力を入れていました。生徒が下校するとき、「さようなら。また、明日ね」と声をかけるのです。

子どもと話す頻度を増やしたり、たわいもない話をするきっかけを作ったりするためにも、1日3回笑顔で挨拶をしましょう。

子どもと距離が開いてしまったときは、まずは挨拶から

私のメルマガ読者の中には、お子さんとの距離が開いてしまった方がたくさんいます。ひどい状況になると、子どもに何か話しかけても無視されてしまうケースもあります。私はそういった方に対して、「無視されてもいいので、毎日3回笑顔で挨拶をしてください」と伝えています。

一度子どもと距離が開いてしまうと、このあと紹介する4つの方法を行うのが難しくなります。その場合、子どもが反応してくれる状態になるまで、まずは「笑顔で挨拶」をしていきましょう。すると、少しずつ「うん」「おお」などと、子どもから反応が出てきます。

こういった反応が出てきたら、次に「たくや、おやすみ」という感じで、名前＋挨拶に変えてみましょう。

お子さんがどんな状態であっても、1か月ほど笑顔で挨拶を続けていけば、少しずつ子どもは心を開いていきます。最低限の挨拶ができるようになったら、「②会話」に進みましょう。

②会話：子どもの興味や関心に合わせた会話を増やす

次にやっていただきたいのは、子どもの興味や関心がある会話を増やすことです。

子どもが好きな「洋服やコスメ」「YouTubeや歌手」「バスケやサッカーなどのスポーツ」の話をたくさんしましょう。

こういったテーマの話をすると、子どもは親との会話が楽しくなります。すると、子どものほうから親に話しかけてくるようになります。親子の会話が増えるにつれて、愛情銀行の預金残高も増えていくのです。

子どもの興味や関心がある会話を増やしたことで、愛情銀行の預金残高が増え、子どもが勉強するようになった事例を一つ紹介します。

私のメルマガ読者である川野さん（仮名）は、もともと親がしたい勉強の話ばかりしていました。その結果、預金残高が減っている状態でした。そこで、勉強の話ではなく、子どもの好きなゲーム機の話や友達の話をするように意識しました。

また、子どもの好きなゲームを一緒にする努力もしました。すると、預金残高がどんどん増えていき、子どもが自ら勉強するようになったのです。定期テストの点数も右肩上がりで上がり、学年順位96位だったのが、31位にまで上がりました。

共通の話題がないときは、子どもが好きなゲームを一緒にやる

さて、ここまでの話を読んだあなたは、こんな疑問を持ったのではないでしょうか。

「道山先生、子どもの好きなテーマの話をしろと言われても、うちの子はゲームにしか興味がないんです。でも、私はゲームのことはわかりません。どうしたらいいですか」

この場合、川野さんのように子どもと一緒にゲームをするところから始めましょう。子どもは興味を持っていて、親は興味を持っていないことこそ、あえて取り組むのです。するとと子どもは、「お母さん（お父さん）は、わざわざ僕の興味に寄り添ってくれている」と感じます。その結果、さらに預金残高が増えやすくなるからです。

想像してみてください。普段勉強の話ばかりして、ゲームをするたびに叱るお母さんが一緒にゲームをしてくれたら、子どもはどう感じるでしょうか。

最初は「うちの親、どうしちゃったんだろう」とあやしむかもしれません。しかし、次第に、仕事や家事で時間がない中で自分の趣味に付き合っているということが理解できるようになります。自分のために時間を使ってくれる親のことを、さらに好きになるのです。

慣れないうちはハードルが高いかもしれませんが、続けていけばゲームも楽しく感じられるはずです。そこまで頑張りましょう。

子どもが話したいテーマ9割、親が話したいテーマ1割の法則

ここまで読むと「勉強の話は一切してはいけないのでしょうか」と思わるかもしれません。安心してください。勉強や受験の話をすることが悪いわけではありません。大事なのは、割合なのです。

子どもがしたい話を9割、親がしたい話を1割にすることがポイントです。この割合だと、子どもも「たまにはお母さんの話を聞いてもいいか」と感じるからです。

お子さんがゲームやYouTubeの話をするのが好きなら、月曜から土曜までは毎日15分これらの話をします。そして日曜日の夜に10分だけ、勉強の話をするのです。すると、子どもがしたい話90分、親がしたい話10分となるため、ちょうど9対1の割合になります。これくらいの割合であれば、預金残高はちゃんと増えていきます。

③ギフト：子どもの好きなおかずを作ったり、好きな雑誌を買って帰る

次にやっていただきたいのは、子どもの好きな料理を作ることです。以前、私はメルマガ読者1772人に、料理を作る頻度と愛情銀行の預金残高に関するアンケートを行ったことがあります。

その結果、料理を毎日作る親の子どもは、預金残高が非常に多いというデータが出ました。料理を週に5～6日作る親の子どもも預金残高は多いのですが、毎日作る家庭の子どもと比べると少なかったのです。そして、週に3～4回料理を作る家庭の子どもになると、さらに預金残高が少なくなりました。

なぜ、子どもの好きな料理を作るだけで預金残高を増やすことができるのでしょうか。

それは、今の日本は比較的裕福だからです。

もちろん、バブル時代と言われている1980年代後半と比べると、貧困率が上がっているというデータもあります。しかし、これは、社会全体の中で見る相対的な貧困率です。衣食住に困る絶対的な貧困家庭は、日本にはそう多くはありません。これは、世界でもトップレベルに裕福な国ということです。

裕福な国では、お金で愛情を買うことはできません。子どもにたくさんのお小遣いをあげたところで、預金残高を増やすことはできないのです。

では、裕福な国では、どういったものに愛情を感じるのでしょうか。答えは「手間」と「時間」がかかるものです。そして、「手間」と「時間」がかかるものの代名詞が、料理なのです。

そこで、まずは週に5日以上、お子さんの好きな料理を作ってあげてください。たくさんのおかずを作る必要はありません。1日1品だけ、お子さんが好きなおかずを作っていただきたいのです。これだけで、預金残高は確実に増えていきます。

最近は健康ブームなので、つい「パンにはグルテンが入っていて体に悪いから、玄米にしなさい」などとこだわられる方もいるでしょう。

私も健康マニアで、毎朝生搾りのニンジン・リンゴジュースを飲んでいたり、グルテンが入っている食事はできる限り避けていたりするので、気持ちはよくわかります。ただ、子どもが「朝食はパンが食べたい」と言うなら、食パンを焼いてあげてほしいのです。

忙しくて料理を作る時間がない場合は、こんな工夫を

「道山先生は、男性だからいいですよね。最近の女性は、料理、家事、仕事を全部こなさないといけないので、毎日子どもの好きなおかずを作るなんて無理ですよ」

と思われるかもしれません。確かに、最近は共働き家庭やひとり親家庭が増えています。そういった家庭だと、どうしても料理に時間をかけられない事情もあるかと思います。

でも、安心してください。ある工夫をすれば、毎日作らなくても預金残高を増やすことができます。ある工夫とは、「手作り冷凍食品」を活用することです。

土日などにまとめて料理を作り、それを冷凍しておくのです。

たとえばお子さんがハンバーグ好きなら、土日にまとめて作って、冷凍しておきましょう。平日は、

「今日は仕事が忙しくて、あなたの好きなおかずを作れなかった。代わりに、先週作ったハンバーグを解凍して食べよう」

という感じで、お子さんの好きなおかずを1品増やすだけでいいのです。

健康のために野菜をたくさん食べさせたいのであれば、今はやりの「メイソンジャーサラダ」を作っておくのもおすすめです。

メイソンジャーサラダとは、メイソンジャーという保存用の瓶で作るサラダです。インターネットで「メイソンジャーサラダ」と検索するとレシピが出てくるので、一度見てみてくださいさい。参考までに「アボカドとブラックタイガーを使った生春巻風のサラダ」は絶品です（笑）。

メイソンジャーサラダは、2015年あたりから日本でも流行しました。長期保存に適しているため、冷蔵庫に入れておけば1週間程度食べることができます。

いずれにしても、毎日作ることが重要なのではなく、子どもが喜ぶ手作りおかずを毎日1品食べさせてあげることが大事なのです。夜勤がある方であれば、夕方にお子さんの好きな料理を作り、

「今日はたっくんの好きなからあげを作っておいたよ。レンジで温めて食べてね。お母さんより」

という手紙を添えて、机の上においておくのもおすすめです。

子どもの好きな雑誌を買って帰るのもおすすめ

もう一つ、「手間」と「時間」を使って愛情銀行の預金残高を増やす方法があります。それは、子どもの好きな雑誌を買って帰ることです。たとえば、男の子なら「少年ジャンプ」、女の子なら「nicola」や「Popteen」などです。

私の友人に、大手銀行でトップ営業マンをしているT君がいます。彼は以前、営業で取引先に行くとき、東武百貨店池袋店にある超人気洋菓子店のお菓子を持参していたそうです。

その店は常に行列ができる人気店。そこのお菓子をわざわざ買って持参するのは、非常に「手間」と「時間」がかかる方法です。だからこそ、相手先に喜ばれるのです。彼はその方法で営業成績トップを取り、グングン昇格していきました。

子どもが好きな雑誌を買って帰るのも同じです。わざわざ寄り道をして、本屋に寄って帰るというのがポイント。こういった行動をすると、子どもは「お母さん（お父さん）は仕事で疲れているのに、わざわざ私のために本屋に行ってくれた」と愛情を感じるのです。

今、仕事に行く途中にこの本を読んでいるなら、週に1度でもいいので、仕事終わりにお子さんの好きな雑誌やデザートを買って帰りましょう。子どもの表情が変わるはずです。

④投資：子どもの心身に悪いことや他人に迷惑をかけることは、厳しく叱る

ここまでの話を読むと、愛情銀行の預金残高を増やす方法＝子どもに尽くすことだと思われるかもしれません。確かに、子どもが求めることに応えることは、預金残高を増やすうえで重要です。

ただ、子どもが求めることはすべて聞けばよいというわけではありません。ダメなことをしたときは厳しく叱ることも、預金残高を増やすうえで重要です。これがわかる事例を一つ紹介します。

私は教師になったばかりのころ、子どもを叱る重要性を理解していませんでした。

「厳しく言い過ぎて、嫌われたら嫌だな……」

「反発されて、喧嘩になったら面倒だな……」

と思って、叱ることができなかったのです。生徒が授業中おしゃべりをしていたり、宿題を出していなかったりしても、厳しく言えませんでした。その結果、クラスの雰囲気がどんどん悪くなり、学級崩壊を起こしてしまったことがあります。授業に真剣に取り組む生徒が少なくなり、

「勉強なんて、しなくていいじゃん」

「宿題忘れたって、人生に困らないよ」

という雰囲気のクラスになってしまったのです。

もちろん、この章で紹介した、毎日挨拶をしたり、生徒を名前で呼んだり、子どもの好きなテーマで会話をしたりすることはしていました。そのため、愛情銀行の預金残高はある程度多かったため、いじめなどの問題はほとんど起きませんでした。

ただ、テストで高得点を取るために勉強を頑張ったり、遅刻しないように5分早めに家を出たりするなど、「自分の成長につながる努力」ができない生徒が集まるクラスになってしまったのです。

預金残高が増えたら、干渉することも大事

この失敗から私が学んだことがあります。それは、預金残高が増えてきたら、ある程度の干渉をして、子どもの成長を促すことが大事だということです。

干渉とは、子どもが望んでいないことに対して、第三者が口出しすることです。たとえば、毎日宿題もせずにゲームしかしていないなら、一定のルールを決めてゲームの時間を減らすようにする。遅刻が続いているなら、毎朝10分早く起こす。こういった、子どもを成長させるための干渉をすることが大事なのです。

子どもは、自分が望んでいないことを言われるので、一瞬嫌な顔をするかもしれません。一時的に預金残高が減ったように感じることもあります。しかし、どこかのタイミングで「自分を成長させるために言ってくれたこと」だと理解します。そのとき、預金残高は何倍にもなって返ってくるのです。

つまり、ここで言う干渉とは、貯めた預金残高を使うことでできる「投資」なのです。

投資する順序は、強制↓課題↓挑戦

子育ての場合、貯まった預金残高をどのようなものに投資（干渉）していけばいいのでしょうか。私は、強制↓課題↓挑戦の順に投資していくことを推奨しています。

「強制」とは、最低限守らせるものです。

たとえば、子どもが未成年でタバコを吸っているとします。これは絶対にやめさせないといけないですよね。後々の人生に悪影響を及ぼす可能性があるからです。子どもが「どうしても吸いたい」と言っても、許してはいけないのです。

また、子どもが興味本位で屋根の上にのぼったとします。これも、一歩間違えると命を落とす危険がありますよね。子どもが「絶対に落ちないから大丈夫」と言っても、許してはいけません。こういった、何がなんでも止めないといけないことを止めるのが「強制」です。

「課題」とは、学校や塾などの社会から与えられた課題を行うことです。

代表例は宿題です。子どもが宿題をしていなかったら、きちんと期限までに提出するように伝えましょう。宿題を提出しないと内申点が下げられるため、高校受験の合格率が下がるからです。

たとえ「めんどくさいからやりたくない」と言っても、「お母さんも手伝うから一緒にやろう」と伝えましょう。

登校時間を守るのも同じです。子どもが朝、遅刻して学校に行っているなら、「もう少し寝たい」と言っても、「このままだと遅刻するから頑張って起きよう」と伝えましょう。高校受験当日に寝坊し、不合格になってからでは遅いからです。

こういった、自分を成長させるために頑張ってやらないといけないことをさせるのが「課題」です。


「挑戦」とは、子どもにとって困難なことに挑ませることです。

たとえば、お子さんはサッカーが得意だとします。このとき、「クラブチームのセレクションを受けてみないか」

と提案してみるのです。

最終的にクラブチームに入るかどうかは別として、自分よりもレベルの高い子たちと一緒にプレーすることは、将来の夢につながる可能性があるからです。

このように、子ども一人ではできないことをさせたり、行けない場所に連れていったりするのが「挑戦」です。

預金残高が増え、子どもが親の意思を聞いてくれるようになってきたら、強制→課題→挑戦の順に投資（干渉）していきましょう。将来、

「お父さん、あのとき、俺のタバコを止めてくれてありがとう」

「お母さん、あのとき、クラブチームをすすめてくれてありがとう」

と感謝されるはずです。

⑤回収：「できれば公立に行ってほしい」など、親の願いを聞いてもらう

「④投資」まで行えるようになっていれば、愛情銀行の預金残高は非常に多い状態です。

おそらく、子育ての悩みはほぼなくなっているでしょう。ここまで来れば、あとは放っておいても子どもの受験は成功します。

ただ、受験は子どもだけのイベントではありません。なぜなら、高校進学後の学費を払うのは親であるあなただからです。

そこで、ある程度親の希望を伝えたいと思うのは、当然のことでしょう。そこで、預金残高が＋２００以上になったら、多少「回収」をしてもＯＫです。

回収とは、親の意思を伝えることです。たとえば、あなたがどうしてもA高校には行ってほしくないと思っているなら、次のように伝えましょう。

「えみこの人生だから、最後は自分で決めればいいよ。ただ、お母さんとしては、A高校にはあんまり行ってほしくないな。あそこの先生は言葉の暴力があるって噂だから、そんなところにえみこを行かせたくなくて」

という感じです。

子どもがA高校を目指すよほどの理由がなければ、あなたの望みを聞いてくれるでしょう。

ただし、親は意思を伝えるだけで、最終的な進路は子どもに決めさせることが大切です。

経済的な事情を伝えても、預金残高が高ければOK！

ここまで読んで、たとえば次のように思われた人もいるのではないでしょうか。

「道山先生、うちは母子家庭でお金がありません。子どもが、どうしても私立高校に行きたいと言った場合、その気持ちも尊重すべきなのでしょうか」

と。安心してください。先にもお話ししたとおり、経済的理由であれば、親が干渉しても大丈夫です。これまでにしっかりと預金残高を増やしてきていれば、子どもは家庭の経済状況を理解します。

ただこのときも、次のような言い回しで伝えるのがいいでしょう。

「さくらの人生だから、さくらが行きたい高校に行けばいいよ。ただ、うちは母子家庭で私立の学費を払うとなると、お母さんは今まで以上に働かないといけなくなる。夜勤も増えると思うから、一人でご飯を食べる日が増えちゃうかもしれない。本当にごめんね。さくらが楽しく高校生活を送れるように、仕事頑張るね」

預金残高が貯まっている子どもなら、こういった言い方をされたら私立を選ばないでしょう。これまで必死に預金残高を増やしてくれたお母さんに、感謝の気持ちを持っているからです。大好きなお母さんと会える時間を減らしてまで、私立にこだわる子は少ないと思います。

このように、経済的な理由でどうしても私立が難しい場合は、事情を説明して子どもに話しましょう。きっとお子さんは理解してくれると思います。

預金残高が高いと、子どもは親孝行してくれる

なお、預金残高の回収は必須ではありません。なぜなら、子育てというのは無条件の愛（回収を見込まない形）で行うものだからです。

ただ、子どもというのは不思議なもので、親が回収を望まなくても、将来親孝行という形で預金残高を返してくれます。たとえば、

・かわいい孫を見せてくれる

・体が不自由になったとき、介護してくれる
・年金生活になったとき、美味しいものを食べに連れていってくれる

などです。こういったことをしてくれたとき、

「子どものために一生懸命愛情を注いできてよかった」

と思えるはずです。そのときが来るまで、一緒に頑張りましょう。

04

不登校やスマホ依存……問題行動の8割は「親から愛情をもらうため」

ここで一度、63ページに載せた「預金残高別子どものよくある言動」を見てみてください。

最近世の中で問題になっている、不登校、スマホゲーム依存、引きこもりなどの問題は、すべて愛情銀行の預金残高が減っていることが原因だと気づくのではないでしょうか。

つまりは、こういうことです。

・愛情銀行の預金残高がプラスの状態

親子関係が良好なので、子どもは親が嫌がる行動をしない

・愛情銀行の預金残高がマイナスの状態

親子関係が悪いので、子どもはわざと親が嫌がる行動をする

なぜ、預金残高がマイナスになると、子どもは親が嫌がる行動をするのでしょうか。

答えは、「親から愛情をもらうため」です。

大事なことなので繰り返しますが、人間は愛情を求める生き物です。その中でも特に、親からの愛情を求めます。そのため、子どもは親からの愛情が足りないと感じると、愛情をもらうための行動を取るのです。それが、不登校やスマホゲーム依存などの問題行動なのです。

預金残高を増やしただけで、スマホ依存が解決し、自ら勉強するように

逆に言うと、ゲーム依存、スマホ依存の場合の解決策も、「ひたすら愛情銀行の預金残高を増やすこと」です。実際に私のメルマガ読者である中田さん（仮名）は、預金残高を増やしただけで、子どものスマホ依存が改善しました。

中田さんは、お子さんが中学1年生のとき、とにかく「テストで高得点を取るように」と口うるさく言い続けていました。その結果、お子さんはスマホ依存になって、まったく勉強しなくなってしまったのです。そのタイミングで、私のメルマガを読み始めてくれました。

中田さんが最初に行ったことは、手順②で紹介した「子どもとの会話を増やすために、一緒にゲームをする」ことでした。当時お子さんが大好きだったゲームをダウンロードし、一緒にやったのです。

すると、お子さんとの会話が弾《はず》むようになりました。

さらには、手順③で紹介した「子どもの好きな料理を作る」も実践されました。

中田さんの場合は、朝早起きしてお子さんの好きなおかずを作り、朝食として出したのです。

その結果、お子さんは変わりました。中学2年生の冬にやめてしまった学習塾に、「また通いたい」と言い出したのです。そして、中学3年生の春からスマホを我慢して、自らテスト勉強をするようになりました。

このように、現在子どもが不登校、スマホゲーム依存、引きこもりなど預金残高がマイナスの状態でも、まったく問題ありません。

この章でお伝えした「愛情銀行の預金残高を増やす5つの手順」をしっかり実践すれば、子どもの問題行動が解決するのはもちろん、自らの意思で勉強するようになります。その結果、受験は必ず成功します。

05
子どもとの関係が悪くなったときは、一つ前のステップに戻るのがポイント

ここまでに、愛情銀行の預金残高を増やす方法について解説してきました。もう一度まとめると、お子さんの受験を合格させるうえで最も大事なのは、預金残高をプラスにすることです。極端な話、預金残高を２００以上にすることができれば、あとは何もしなくても受験は成功します。

もちろん、このあとさらに合格率を上げるサポート法をお伝えしていきますが、預金残高が少ないと効果はありません。

「子どものために一生懸命やっているのに、なぜか子どもが勉強せずにスマホやゲームばかりしている」

「勉強を頑張るどころか、親への反抗がさらに強くなり、ついには不登校になってしまった」

などのトラブルが起きたときは、一度この章に戻るようにしてください。何かできていない部分があると思うので、そこを補うことが受験を成功させる最短ルートになります。

子どもが親と話したくないというときは、無理やり話そうとしない

さて、この章の最後に、もう一つ大事なことをお伝えします。それは、「預金残高を増やす5つの手順は、①から順にクリアすることが大事」ということです。

たとえば、お子さんが親と話をするのを嫌がっているとします。これは、「②会話」ができていない状態です。この状態で「⑤回収」をしようと思っても、子どもは言うことを聞きません。まずは「②会話」をすることが大事です。

このとき、「②会話」からやり直すよりも、「①挨拶」からやり直したほうが、上手くいく可能性が高くなります。なぜなら、親と話をしたくないと思っている子どもに無理やり話しかける行為は「過干渉」であって、預金残高を減らしてしまうからです。

預金残高が、200を超えている状態であれば、多少干渉をしても問題ありません。し

かし、「②会話」ができていない状態というのは、残高がマイナス状態だと思います。

これまでに、干渉をし過ぎてしまったからこそ、残高不足になっている可能性が高いでしょう。ここでさらに干渉をすると、子どもは親に反発します。この場合、一つ前の段階である「①挨拶」に戻って進めたほうが、スムーズにいくのです。

まずは毎朝笑顔で「おはよう」と、お子さんに言いましょう。預金残高が増えてきて、子どもが「お母さんともっと話をしたい」と感じると、「ねえ、これ知ってる？」とゲームの話を振ってきたり、わざと親の前でゲームをしたりします。そういったサインが出てきたら、ゲームの話を振って会話を増やしていきましょう。

あせって前に進もうとせず、コツコツ確実に貯金を貯めよう

このように、どこかのステップでつまずいたときは、一つ前のステップができているか確認してみましょう。焦って前に進むのではなく、一つ前のステップからやり直すほうが、スムーズに預金残高を増やすことができます。

唯一の例外は、「③ギフト」の中で解説した「子どもの好きなおかずを作る」ことです。

これは、お子さんがどういった状態であっても、預金残高を増やすことができます。

たとえば、「②会話」ができていない状態、つまりお子さんが親とまったく話をしないときでも、毎日食事は用意しますよね。

そこで、いつも以上に手をかけて料理を作るようにしてみてください。たとえ子どもが親と話をしなくても、子どもの好きなおかずを作ることで間接的に愛情を伝えることができます。


かりに、お子さんが親に反抗して、料理を食べなかったとしても大丈夫です。子どもの好きなおかずを作り、机の上に置いておきましょう。手を付けなかったとしても、好きなおかずが目に入るだけで、愛情は伝わります。


どれだけ仕事や家事が忙しくても、愛情銀行の預金残高だけは減らさないようにする。

そういった意識でお子さんに向き合えば大丈夫、受験は必ず成功します。

第2章

受験合格ステップ 2

「アクティブ進路」を見つける

01

子どものやる気が出ない一番の理由は「アクティブ進路」が決まっていないこと

「うちの子、中学3年生なのにまったく勉強しないんです」

受験生の親から、こういった相談をよくいただきます。お子さんが受験生なのに、勉強せず、ゲームやスマホばかりしていると、親としては不安になりますよね。

では、なぜお子さんは、もうすぐ受験だということを理解しているのに、勉強をしないのでしょうか。

答えは「心の底から行きたいと思う進路が見つかっていない」からです。

自分に置き換えて考えてみましょう。たとえば、あなたはものすごく好きな彼（彼女）と付き合っているとします。彼は、あなたよりも偏差値が高い高校を志望しているとします。その彼に、こう言われたらどうでしょうか。

「お互いに勉強を頑張って、二人で同じ高校に入ろう！　そして、毎朝一緒に通学しよう」

大好きな人から言われたら、必死に勉強しますよね（笑）。

なりたい夢がある子の場合、勉強させるのは簡単

「道山先生、今、私は恋愛のことなんてどうでもいいです」

と思われたかもしれません。そこで、もう一つ事例を紹介します。

たとえば、あなたは小学3年生のころ、大きな病気にかかって入院していたとします。そのとき、毎日看護師さんが病室に来て、本を読んでくれたり遊んでくれたりしました。

そういった経験から、あなたは、

「私も将来看護師になって、同じように病気で苦しんでいる子どもたちを救いたい」

という夢を持ったとします。看護師になるためには、多くは普通科高校に進学し、看護系の大学を卒業するコースを進みます。そこで、家から近い偏差値50の普通科高校を志望したとします。

しかし、今の偏差値は45です。このままだと家から近い普通科高校には進学できません。

小さいころからの夢が、叶わなくなってしまうのです。もし、こういった状況だったら、

あと少し偏差値を上げるために勉強を頑張りますよね。

このように、心の底から進みたい進路（学校）が見つかれば、子どもは勝手に勉強を始めるのです。私はこの進路を、「アクティブ進路」と呼んでいます。

02 「アクティブ進路」は3つの条件を満たすもの

「そんな進路、簡単に見つかるのでしょうか」
「うちの子は、小さいころからの夢なんてありません」
と思われたかもしれません。確かに、多くの子どもたちは、普通に生活しているだけではアクティブ進路を見つけることができません。

また、アクティブ進路の見つけ方を教えてくれる先生も、いないと思います。そのため、たくさんの子が、受験生なのにやる気が出ないという状態で悩んでいるのです。

でも、安心してください。アクティブ進路は、誰にでも簡単に見つけることができます。次の3つの条件を満たす学校を探していくだけだからです。

1つ目は、「夢が叶う」進路です。

先ほど、看護師になりたいという夢がある子の例で紹介したように、「将来、何がなんでも叶えたい夢」があり、その夢を叶えられる可能性がある進路が見つかれば、子どもは勝手に勉強をします。

2つ目は「条件を満たす」進路です。

子どもは一人ひとり、行きたい高校の条件が違います。たとえば、先ほど例に出した「大好きな彼が進学する学校」が希望条件の子もいます。また、

・仲の良い友達が行く学校（友達）
・家から近い学校（距離）
・全寮制の学校（通い方）

・バイトOKの学校（校風）
・軽音楽部がある学校（部活）

などが希望条件の子もいます。子どもによって、趣味や関心が違うのです。お子さんが望む条件を満たす進路を見つけることができれば、子どもは自ら勉強をします。

3つ目は「合格率8割以上」の進路です。

夢が叶い、希望条件を満たす学校が見つかっても、自分の実力とあまりにかけ離れていると、やる気は出ません。現在、お子さんの偏差値が30で、見つかった学校の偏差値が60だと、「私の実力では無理」だと思い、最初からあきらめてしまいます。

そこで、「合格率8割以上」の学校を探すことが大事です。

ここでいう合格率とは、模擬試験の結果や、学校の先生の意見ではありません。「頑張って勉強すれば8割受かる」と、子ども本人が考える確率です。

学校の先生から「今の状態だと、合格率は3割以下ですね」と言われたとしても、お子さんが「今から全力で勉強すれば、絶対に受かるはず」と思えるなら、その高校に合格するために勉強を頑張ることができます。

アクティブ進路が見つかった結果、不可能と思われていた高校に合格

私の教え子の例を一つ紹介します。私が教師時代に担任をしていた子の中に、サッカー選手になるのが夢だった山本君（仮名）がいます。彼は、サッカー選手になるため、全国大会に出場できるレベルの高いサッカー部がある高校を探しました。すると、5つの高校が見つかりました。

次に彼は、見つかった高校の中から、自分のプレースタイルに合うサッカー部がある学校を探しました。サッカーの戦術には、パスで相手を崩すプレースタイルや守ってカウンターで攻めるプレースタイルなど、いろいろあるからです。

彼が求めていたのは、ドリブルで相手チームを崩すプレースタイルでした。そこで、実際に試合を見に行くなどして、5つの学校のプレースタイルを調べました。すると1校だけ、彼が求めるプレースタイルを行うサッカー部がある学校がありました。

そして、彼は「絶対にこの高校に進学する」と決めたのです。

しかし、ここで一つ問題がありました。その高校は、内申点が40以上の子が受験をする学校だったのです。当時の彼の内申点は、30台前半です。内申点を最低でも5、できれば10上げないと合格できない学校でした。

ここで多くの子は、「どうせ無理だ」とあきらめてしまいます。

しかし彼の場合、「絶対にその高校じゃないとダメ」という明確な理由がありました。そのため、平日は夜の12時まで、土日もサッカーの練習がない時間帯はすべて勉強にあてました。その結果、少しずつ学力も上がっていきました。

こういった経験から「残り半年間頑張って勉強すれば、内申点を5は上げられる。5上がれば、絶対に合格できる」という自信を持ちました。

そして、内申点を40手前まで上げることができ、見事志望校に合格することができたのです。

このように、

①夢が叶う：全国大会に出場できる可能性がある

②条件を満たす：ドリブルで相手チームを崩すプレースタイルのサッカー部がある
③合格率8割以上：合格できる自信がある

という3つの条件を満たすアクティブ進路を見つけることができれば、親が何も言わなくても子どもは勝手に勉強し、志望校に合格することができるのです。

自己肯定感が「絶対に合格できる」と思える自信を生み出す！

山本君の場合、内申点が5以上足りていなくても「絶対に合格できる」という自信がありました。一方、内申点が1足りないだけで「絶対に受からない」と思って、進路を変えてしまう子もいます。では、この違いはなんでしょうか？

答えは「自己肯定感」です。

山本君のように自己肯定感が高い子だと、自分と志望校の偏差値に差があっても、「絶対に合格できる」と自信を持って、勉強を頑張ることができます。自己肯定感が低い子だと、自分と志望校の偏差値の差がほとんどなくても「無理」とあきらめてしまいます。そのため、日ごろから自己肯定感を上げる子育てをすることが大事なのです。

参考までに、子どもの自己肯定感を上げる一番簡単な方法は「褒《ほ》める」ことです。少しでも良い結果が出たり、少しでも努力をしたりしたときに、子どもを褒めてあげると自己肯定感が上がります。

そうして自己肯定感を高めてあげれば、たとえ模擬試験の判定が悪かったり、学校や塾の先生から「絶対に受からない」と言われたりしても、あきらめる必要はありません。3か月間必死に勉強すれば、偏差値や内申点を上げることは誰でも可能だからです。

03
これが見つかれば8割合格したようなもの！必ず「アクティブ進路」が見つかる3ステップ

アクティブ進路は、「夢が叶う」「条件を満たす」「合格率8割以上」の3つの条件を満たす進路です。では、どういったステップで進めていくと、これら3つの条件を満たす進路が見つかるのでしょうか。

次の3ステップで進めていくと、最速でアクティブ進路を見つけることができます。

ステップ1 学科を決める
～明確な夢がある子は専門科、そうでない子は普通科を

アクティブ進路を決める最初のステップは、「学科を決める」ことです。

先ほど紹介した山本君のように、プロスポーツ選手になることが夢の場合は、学科は重要ではありません。しかし、大多数の子どもは、プロスポーツ選手が夢ではないと思います。この場合、将来の夢につながる学科から決めていくことが重要です。

なぜ、学科から決めていくことが大事なのでしょうか？　これは、「高校に行く理由」を考えるとわかります。お父さん、お母さんの中には、

・新しい友達を作るため
・中学校では学べない知識を得るため

・就職率を上げるため

に高校に行くべきだと考えている方がいます。確かにこういった理由もあるかもしれません。しかし、これらは「高校に行く一番の理由」ではありません。

高校に行く一番の理由は「夢を叶えるため」です。

たとえば、先ほど例に出した「看護師になりたい」という夢。もし高校を卒業しなくても看護師になれるなら、無理に進学する必要はありません。中卒で、看護師として働けばいいからです。

その証拠に、歌手として大活躍された安室奈美恵さんは、高校に進学していません。中学卒業後に上京し、歌手としてデビューされています。

また、料理の世界では、中卒で弟子入りして腕を磨かれる方がたくさんいます。自分の夢を叶えるために高校が必要ないなら、無理に行かなくていいのです。

一方、お子さんが将来医者になりたいと考えているとします。この場合、大学の医学部に進学し、医師国家試験に合格しないといけません。そのためには、大学の医学部に進学実績のある普通科高校に入ることが重要です。

もちろん、高卒認定試験を受けて大学進学を目指すという方法もありますが、あまり現実的ではありません。このように、本来高校は夢を叶えるために行くべきところなのです。

・機械に携わる仕事に就きたいから、工業科高校
・音楽業界で活躍したいから、音楽科高校
・ファッションやアパレル業界で仕事をしたいから、被服科高校

に進学するのです。成績が悪くて行ける高校がないから、仕方なく○○科の高校に行くという進路選択はしないようにしましょう。

こんな子は、専門科高校を選んだほうが夢が叶う！

ここまでの内容を読んで、こんな疑問をお持ちではないでしょうか。

「将来ピアノ演奏者になりたいという夢がある場合、とりあえず普通科高校に進学して、

卒業後に音楽系の大学に行くという選択ではダメでしょうか」

もちろん、こういった進路でもいいでしょう。しかし、中学生の時点で明確な夢が決まっていて、その夢を叶えられる専門科高校があるなら、そちらを選んだほうがいいです。なぜなら、専門的な知識をたくさん学べるからです。

たとえば、音楽科高校に入ると、授業の半分が音楽に関わることになります。一方、普通科高校に進学すると、音楽は週に1、2時間しかないでしょう。

普通科高校に進学して、ピアノ演奏者になるために直接的には必要ない国語や数学の勉強をするよりも、音楽科高校に進学して、ピアノを弾いたり音楽史を学んだりしたほうが、夢が叶う確率が高くなりますよね。

また、クラスメイトも似たような夢を持っている子が多いので、一緒に切磋琢磨《せっさたくま》することもできます。その結果、夢が叶う確率が上がるのです。

このように、お子さんが進むべき学科は、明確な夢があるかどうかと、その夢につながる専門科があるかどうかで、決めていくのがいいでしょう。

夢が叶う学科をどうやって探すか

では、夢が叶う学科というのは、どのように探していけばいいのでしょうか？　今の時代、一番簡単な方法はインターネットで検索することです。「○○になるには」「○○になる方法」などと調べると、進むべき学科がわかります。

たとえば、今はやりの「ゲームクリエイター」という仕事。お子さんが将来、「ゲームに関わる仕事をしたい」と思っているなら、おすすめの職業です。

もしお子さんがゲームクリエイターを目指しているなら、インターネットで「ゲームクリエイターになるには」と調べてみましょう。中学卒業後の進路を、わかりやすく解説しているサイトがたくさん見つかるはずです。最近では、「スタディサプリ進路」というサイトが、わかりやすくまとまっています。

これらを読むと「ゲームクリエイターになるには、普通科高校に進学し、プログラミングやデザインを学べる専門大学に進学するのがいい」というのがわかるでしょう。

頭で考えるのではなく、調べることが大事なのです。インターネットでなくても、学校の先生に聞いてみたり、『13歳のハローワーク』などの書籍で調べたりするのもいいでしょう。

明確な夢がなかったり、一時的な興味の場合は……

ここまでに、明確な夢を持っている子の進路選択法を紹介しました。では、今の時点で明確な夢を持っていない場合、どういった進路に進めばよいのでしょうか。

答えは「普通科を選ぶ」です。

なぜなら、普通科高校に進学すると「高校に通う3年間、夢を見つけるための時間ができる」からです。

普通科高校とは、大学や専門学校に進学することを目標としている学校です。そのため、試験科目である5教科を中心に勉強します。自分が進むべき道が決まるのは、大学や専門学校に入学してからになるので、それまでの3年間は自分の人生について考えることができます。

また、子どもが一時的な感情で、「俺はゲームが好きだから、将来ゲームクリエイターになる」というケースもあります。この場合も、普通科を選んでおくのが無難でしょう。親から見て、気持ちがコロコロ変わるタイプの子は、高校3年生で最終的な進路を決めるようにアドバイスするのがおすすめです。

ステップ2 高校を絞る
～行きたい高校の条件をすべて書き出し、優先順位を決める

学科が決まったら、次に考えるのが「行きたい高校の条件」です。先ほど解説したように、

・制服がかわいい
・家から近く、自転車で通える
・バイトができる

行きたい高校、人気の10条件

①距離	自転車で通える距離か。家から近いか。
②部活	好きな部活があるか。全国を狙えるレベルか。
③制服	制服がかわいいか。学ランではなくブレザーか。
④友達	仲の良い友達が志望しているか。嫌いな子が志望していないか。
⑤先輩	仲が良かった部活の先輩が通っているか。
⑥恋人	彼氏や彼女が志望しているか。
⑦校風	髪型の規則が厳しいか。携帯ＯＫか。バイトができるか。
⑧場所	学校帰りに、都心に遊びに行ける場所か。
⑨校舎	校舎が新しいか。部活の設備（人工芝など）が最新か。
⑩進学	行きたい大学と提携しているか。指定校推薦枠があるか。

・仲の良い友達が受験する

など、お子さんが行きたい高校の条件を、たくさん書き出しましょう。難しいことは考えず、「こんな条件を満たす学校があったら、絶対に行きたい」と思う条件を、ひたすら紙に書き出させてください。

ちなみに、最近の子どもたちに人気の条件は上の表にある10個です。

行きたい高校の条件がひと通り出揃ったら、次に優先順位を考えさせましょう。なぜなら、お子さんが求めているような条件をすべて満たす学校は、まず存在しないからです。

家から近くて、制服もかわいくて、先輩がイケメンで、チアダンス部があって、バイトも許されていて、おしゃれなカフェがあって、校舎がきれいな学校など、まず存在しないのです（夢を壊してしまったら、すみません）。

優先順位1位から順に、条件を満たす学校を探していく

そこでお子さんに、

「この条件の中で、絶対に譲れないもの（優先順位1位のもの）はどれ？」と聞いてあげてください。もし、「自宅からの距離」なら家から近い学校を、「バイトができる」ならバイトが許されている学校を探します。まずは、優先順位1位の条件を満たす学校を、5つ以上見つけてください。

優先順位1位の条件が「自宅から1時間以内で通える」だとします。都心に住んでいる子だと、条件を満たす学校は5校以上あると思います。この場合、優先順位1位の条件を満たしつつ、優先順位2位の条件を満たす学校を探しましょう。

たとえば、優先順位2位の条件が、「制服がブレザー」なら、「自宅から1時間以内で通える距離にあって、制服がブレザーの学校」を探すということです。

こういった手順で、まずは志望校を5つに絞りましょう。都心に住んでいたり、マイナーな条件の学校を希望していなければ、優先順位3位や4位の条件まで満たす学校が見つかります。

一方、地方に住んでいたり、マイナーな条件の学校を志望していたりすると、優先順位1位の条件を満たす学校しか見つからないかもしれません。こういったときは、条件を少しゆるめる（自宅から1時間以内で通える→自宅から1時間30分以内で通える）などして、考え直すことが大事です。

行きたい条件を満たす高校は、こうして探し出す

お子さんが希望する条件に当てはまる高校を見つけるとき、一番簡単な方法はインターネットで検索することです。

たとえば「千葉県　高校」などと調べてみます。すると、高校のまとめサイトが出てくるでしょう。最近では「みんなの高校情報」というサイトが便利です。該当する高校の紹介ページを読むと、場所や部活など、多くの子が希望する条件がわかります。

さらに細かい情報を調べたいときは、出てきた高校のホームページを見たり、資料を取り寄せたりしてチェックしましょう。すると、その高校の校風や文化祭の雰囲気などもわかります。

それでもわからないことがあれば、高校に直接電話をして聞きましょう。

「貴校に進学したいと考えている者ですが、現在サッカー部って土日は1日何時間くらい練習されていますか？」

という感じです。

また、その高校に通っている知り合いがいれば、直接話を聞くのもいいでしょう。こういった流れで調べていけば、お子さんの行きたい条件を満たす高校が見つかるはずです。

ステップ3 「夢を叶える高校リスト」を作る

～勉強時間の明確化でやる気を引き出す

最後はそれらの高校を、偏差値順に並べ替えます。117ページのような感じです。

そして、ここがポイントなのですが、この表の右側に、現在のお子さんの成績と目標達成に必要な勉強時間を書き込むのです。

私はこの表を、「夢を叶える高校リスト」と呼んでいます。

この「夢を叶える高校リスト」を作るとき、一番悩むのが志望校合格に必要な勉強時間でしょう。

1日何時間勉強すれば、志望校に合格できるか想像できないからです。

そもそも、志望校合格に必要な勉強時間というのは、明確な数字を出すことはできません。どういった勉強をするか、集中力はどれくらいあるかによって変わるからです。そのため、高校リストには、目安の数字を書いておけばOKです。

このとき、現在の勉強時間「+30分思考」を使うのがおすすめです。

受験まで残り3か月以上ある場合限定ですが、自分の実力よりも、偏差値が5程度上の学校を目指すなら、1日の勉強時間を+30分にしてみる。偏差値が10程度上の学校を目指すなら、30分×2=+1時間にしてみるのです。

この勉強時間で1か月様子を見て、「これじゃ、間に合わない」と感じたら、勉強時間

「夢を叶える高校リスト」を作ろう

・まずは希望する高校を偏差値順に並べ替える……

高校名	優先順位1位 家から1時間以内で通える	優先順位2位 制服がブレザー	優先順位3位 男女共学	偏差値
A高校	家から5分	ブレザー	男女共学	62
B高校	家から15分	ブレザー	男女共学	54
C高校	家から30分	ブレザー	男子校	51（今の成績）
D高校	家から45分	学ラン	男女共学	48
E高校	家から60分	ブレザー	男子校	45

これを加える

・その右側に「+30分思考」で目安の勉強時間を入れる

高校名	優先順位1位 家から1時間以内で通える	優先順位2位 制服がブレザー	優先順位3位 男女共学	偏差値	必要な勉強時間の目安（1日あたり）
A高校	家から5分	ブレザー	男女共学	62	+1時間
B高校	家から15分	ブレザー	男女共学	54	+30分
C高校	家から30分	ブレザー	男子校	51（今の成績）	±0（今の勉強時間）
D高校	家から45分	学ラン	男女共学	48	−30分
E高校	家から60分	ブレザー	男子校	45	−1時間

を増やさせましょう。逆に、最初の1か月で偏差値がグーンと上がった場合は、勉強時間を減らしてもOKです。

リスト作成でやる気にスイッチが入る

夢を叶える高校リストを作ることで、子どもはひと目で自分の状況がわかります。

・理想は、条件をすべて満たすA高校。ただ、勉強時間を1日1時間増やさないといけない。
・現実的には、家から15分で通えるB高校がベスト。ここなら勉強時間を1日30分増やせば進学できる。努力次第で行けそうな気がする。
・今の勉強量だと、家から30分もかかって男子校のC高校に通うことになる。
・この先、勉強をサボったら、家から45分以上もかかるD高校やE高校になってしまう。

こういったデータを客観的に見ることで、やる気にスイッチが入るのです。

これから半年間、勉強時間を増やしてでも、A高校やB高校に入ったほうが得だと思えば、親が何も言わなくても勉強するようになります。そこまでA高校やB高校に魅力を感じないなら、今の成績を維持してC高校に入ろうと考えるでしょう。

04

アクティブ進路を見つける仕上げは「ワクワク高校見学」

アクティブ進路が見つかり、志望校と現在の自分の偏差値の差がわかると、やる気に火がつきます。これだけでも、自ら勉強を始める子は多いでしょう。ただ、できることなら、さらに子どものやる気をアップさせる方法があったらいいと思いませんか？

実はあるんです！　その方法とは、「ワクワク高校見学」です。

夢を叶える高校リストが完成した時点では、お子さんの志望校は5つくらいになっていると思います。これだと、

「まあ、最悪、偏差値が上がらなくてもC高校に行けばよいか」

と思って、勉強を頑張れない子もいます。

そこで、見つかった5つの高校をすべて見学させましょう。なぜ見学することが大事なのかというと、人間は五感を使って雰囲気を感じることで、自分に合っている学校かどうかがわかるからです。お子さんがA高校を見に行って、

「うわー、この高校スゴイ！　学校の雰囲気も明るくて好きだし、先輩も優しそう」

と感じ、将来自分が通学している姿をイメージするとワクワクするなら、その高校はお子さんに合っています。一方、条件を満たしているはずなのに、

「この学校の雰囲気は堅そう。通っている先輩たちとも話が合わなさそう」

と感じ、将来通学している姿をイメージするとモヤモヤするなら、その高校はお子さんに合っていません。

通っている姿をイメージするとワクワクする。そんな高校が見つかるまで、見学に行き続ける……これが「ワクワク高校見学」です。

基本は体験入学と学校説明会。外から雰囲気を見るだけでもOK

ワクワク高校見学を行う方法は、いろいろあります。一番おすすめの方法は「体験入学」に参加することです。

体験入学とは、ほとんどの高校が夏休みごろに行っている見学会です。学校の内部を見たり、部活に参加したり、教室で模擬授業を受けてみたりと、学校によってできる体験は異なります。実際に高校に通っている姿をイメージできるとてもいい機会なので、日程が合うなら5つの高校にすべて参加させましょう。

体験入学の時期が終わっていたとしても、あきらめる必要はありません。秋になると、「学校説明会」を行う高校も多いからです。

学校説明会とは、実際に学校に行って先生の話を聞いたり、学費などの説明をしてもらったりする相談会です。部活に参加したり、模擬授業を受けることができる高校は少ないのですが、学校の中に入ることはできます。体験入学と同じように、その高校が自分に合っているかどうかを肌で感じられるよい機会となるでしょう。

「体験入学も学校説明会も終わってしまったのですが、どうしたらいいでしょうか？」

ここまで読んで、このように思われた方もいると思います。

すでにどちらのイベントも終わっている場合、自分の足で高校を見に行けばいいのです。

お子さんに、

「今度の週末、お母さん（お父さん）と一緒にA高校を見に行かない？」

という感じで声をかけてみてください。外から見るだけでも、学校の空気感、部活の雰囲気、外観などはわかると思います。

部活が好きな子は、試合を見に行くのがおすすめ

お子さんがスポーツや芸術活動が好きな場合、高校で入りたい部活の大会やコンクールの日程を調べ、見に行くのもおすすめです。

「このチームでプレーしたい」

「ここで演奏したい」

と感じれば、その高校に入るために勉強を頑張れるようになるからです。大会やコンクールの予定は、ホームページなどで確認できます。

運動系の部活の場合、チェックすべきポイントは次の3つです。

・チームの雰囲気
・監督やコーチの指導方針
・強さや戦術

この3つを意識して試合を見たあと、その部活に入って自分がプレーしている姿をイメージさせます。ここで心がワクワクするなら、お子さんは高校進学後もその部活を頑張ることができるでしょう。

モヤモヤするなら、その高校に進学させるのはやめたほうがいいです。部活に入ったあとでやめる可能性が高いからです。

人間の心の声は、かなり的確です。最終的にどの高校を目指すかは、子ども本人の心に聞いてみましょう。ワクワクするかモヤモヤするかは、大きな判断材料になるはずです。

05

最後は「思いやり決断」。親が行うのは体験入学の申し込みまで

夢を叶える高校リストを作り、ワクワク高校見学まで行えば、高確率でアクティブ進路が見つかるはずです。アクティブ進路さえ見つかれば、お子さんは勝手に勉強します。偏差値もグングン上がるので、親は何もしなくても志望校に合格できるでしょう。

ただ、ここで一つ大きな問題があります。

ワクワク高校見学をした結果、お子さんのワクワクセンサーが最も強く反応した高校が、今の成績でも合格できる高校だったらどうなるでしょうか？

おそらくお子さんは、

「今の成績をキープできれば進学できるから、無理に勉強量を増やさなくてもいいか」

と思うはずです。その結果、勉強時間は現状キープになるでしょう。この状態になると、多くの親は、こういった言葉をかけてしまいます。

「受験までまだ半年もあるんだから、もうちょっと勉強して、少しでも偏差値の高い高校を目指したら？」

その結果、愛情銀行の預金残高が高い子だと、

「じゃあ、もうちょっと勉強して上の高校に進学しようかな」

と思い、進路を変えてしまう子もいます。

しかし、この方法はおすすめしません。なぜなら、子どもの心が最もワクワクする学校こそ、お子さんにとってベストな進路だからです。ここで、

・少しでも偏差値が高いから
・少しでも自宅から近いから
・私立ではなく公立だから

という理由だけで進路を変えてしまうと、高校進学後に後悔する可能性が高くなります。最悪のケースだと、辞めてしまう子もいます。

頑張って入学したのに、高校生活を楽しめない子どもの共通点

現在、私は年間3000組の親子を、勉強と子育ての面からサポートしています。メールやLINEでアドバイスしたり、勉強会を開いて直接相談に乗ったりしています。

すると、毎年5月に必ず増える相談があります。それは、

「うちの子、頑張って勉強して高校に進学したのですが、最近学校が楽しくないと言って休みがちなんです」

というものです。そういった方たちの相談に乗っていくとわかることは、「子どものワクワクセンサーが反応していない高校に進学させている」ということです。

こういった経験から、私は「進路の最終決定は、子どもにさせましょう」と伝えています。そして、この進路決定方法を「思いやり決断」と呼んでいます。子どもの人生だから

こそ、最後は本人の意思で進路を決めさせてほしいのです。

たとえ親が望んでいない学校でも、子どもの意思で進路を決めさせると、お子さんは一生あなたのことを信頼します。するとこの先、人生の進路に迷うことがあったとき、必ずあなたに相談します。高校進学以上に大事な場面で、アドバイスすることができるのです。

「親が行うのは、資料集めや体験入学の申し込みまで。進路の最終決定は子どもにさせる」

これこそ、進路選択における最も大事なことです。

06

よくある3つのタイプから診断。わが子のアクティブ進路発見法

ここまで、アクティブ進路を決める方法を紹介してきました。

この章の最後に、3つの子どものタイプ別で、進路を決めていくステップを紹介します。

ほとんどの子は、3つのタイプのどれかに当てはまるので、お子さんに最も近いタイプを参考にして、進路を決めていただければと思います。

なお、お子さんに関係のないタイプについては、読み飛ばしていただいてＯＫです。

①優等生タイプ：特にやりたいこともないまま勉強してきたＡさんの場合

最初は、優等生タイプＡさんの事例です。

優等生タイプとは、「ある程度勉強を頑張ってきたため、成績はオール３以上ある。しかし、特にやりたい夢が見つかっていない子」です。私の経験上、５割の子は優等生タイプです。

Ａさんの成績は、１００点満点のテストで平均70点以上です。内申点でいうとオール４レベルの成績なので、行ける高校はたくさんあります。

ただ、今の時点では、やりたいことが見つかっていません。そのため、どういったことを基準に高校を決めていけばいいのか、わからない状態です。こういった子の場合、まずは夢を叶える高校リストを作ります。

このとき、前述したように学科は普通科を選ばせます。高校３年間で夢を見つけ、卒業

Aさんの「夢を叶える高校リスト」

高校名	優先順位1位 家から自転車で通える	優先順位2位 制服がブレザー	偏差値と勉強時間
A高校	自転車で15分	ブレザー	60（＋1時間）
B高校	自転車で20分	ブレザー	55（＋30分）
C高校	自転車で20分	セーラー服	50（今の勉強時間）
D高校	自転車で35分	ブレザー	45（－30分）
E高校	自転車で50分	セーラー服	40（－1時間）

後に進みたい道に進むためです。行きたい高校の条件が、

・優先順位1位：家から自転車で通える
・優先順位2位：ブレザーの制服

だとしたら、上のような高校リストができるでしょう。

リストが完成したら、ワクワク高校見学をさせます。

実際に高校を見に行って、「多少勉強はつらいけど、絶対にA高校に入りたい」と思えば、必死に勉強します。

しかし、A高校やB高校にはあまり魅力を感じず、「ブレザーではないけどC高校でいい」

と思うなら、C高校に入れる実力を維持する勉強をします。

現時点で、そこまでやりたいことが見つかっていない優等生タイプの子の場合、「普通科」＋「行きたい高校の条件を満たす学校」に通うという流れで、アクティブ進路を決めていきましょう。

②セミプロタイプ：小学校から野球を頑張ってきたB君の場合

次に、セミプロタイプB君の事例です。

セミプロタイプとは、「小さいころから一つのスポーツや芸術を頑張ってきた。しかし、プロになれるレベルではない子」です。私の経験上、4割の子はセミプロタイプです。

B君は、小学3年生のころから野球を頑張ってきました。今でも野球が好きで、高校でも続けたいと思っています。ただ、プロを目指せるレベルではありません。また、「将来は野球に関する仕事ができたらいいな」という、うっすらとした夢もあります。

こういった子の場合、「野球部がある普通科高校」を探すようにしましょう。

野球が続けられる学校に行くことは必須ですし、将来野球に関する仕事をするためには、普通科高校のほうが何かと都合がいいからです。

ちなみに野球関連の仕事とは、スポーツトレーナー、教師（野球部の顧問）、野球関連グッズの販売会社勤務などがあります。これらの仕事をするためには、

・スポーツトレーナー：普通科高校を卒業し、大学（体育学部）に進学
・教師：普通科高校を卒業し、大学（教育学部）に進学
・野球グッズの販売会社：普通科高校を卒業し、大学（経営・経済学部）に進学

という進路が考えられるでしょう。

あとは、子どもが希望している高校の条件をピックアップして、それに当てはまる学校を探していくだけです。

リスト完成後は、Aさんと同じようにワクワク高校見学を行えば、行きたい進路が見つかるでしょう。

公立高校志望でも、押さえで私立高校を受けることが重要

将来プロスポーツ選手を目指している子の場合、設備などを考えて私立高校を志望することが多いでしょう。

一方、セミプロタイプの子の場合、やりたいスポーツを続けられれば公立高校でもいいと言う子が多いようです。

親想いの子だと、

「お父さんやお母さんに迷惑をかけたくないから、公立高校に行きたい」

と言う子もいます。すると、夢を叶える高校リストに書く高校がすべて公立高校となることがあります。

しかし、志望校を公立高校だけにするのは、おすすめしません。なぜなら、次の2つの理由があるからです。

1つ目は、実際に見学に行ってみると「やっぱり、私立のほうがいい」と気持ちが変わ

ることがあるからです。見学すら行っていない状態で公立に決めてしまうと後悔することがあるので注意しましょう。

2つ目は、押さえ（滑り止め）として一応、私立高校も受けておいたほうがいいからです。都道府県によりますが、公立高校は基本的に一校しか受けられません。公立一本勝負をして、万が一不合格になってしまったら、行く高校がなくなってしまいます。

また、「公立高校に落ちたら就職」みたいな崖っぷちの状態でテストを受けると、ものすごいプレッシャーを感じますよね。そのため、本来の実力が発揮できなくなる可能性があるからです。

こういった理由から、お子さんが公立高校を望んでいたとしても、私立高校もリストに加えるようにしましょう。

③職人タイプ：小さいころから明確な夢があり、その道で食べていく覚悟があるC君の場合

最後は、職人タイプC君の事例です。職人タイプとは、「小さいころから明確にやりた

い夢があり、その道で食べていく覚悟がある子」です。私の経験上、職人タイプは1割以下です。

C君の家は、洋食屋です。そのため、小さいころから親の手伝いをしてきました。料理人という仕事にも魅力を感じていて、将来は「自分で店を開きたい」という夢を持っています。

こういったタイプの子の場合、すぐに就職して働きながら料理の腕を磨きたいか、料理系の専門学校で学んでから働きたいかを考えさせます。中学生の段階では、料理人になるためのルートが2つあることを知らない子が、多いからです。

また、以下のような説明もします。

「すぐに働く場合、給料をもらいながら料理の腕を磨くことができるよ。専門学校に通う学費もかからないしね。ただ、周りの人がみんな大人の中で働く形になるから、最初は人間関係が大変かもね」

「専門学校に進学する場合、そこでたくさん友達ができるし、さまざまなジャンルの料理を学べるよ。調理師免許を取ることもできるしね。ただ、夢が叶うまでに少し時間がかかるのがデメリットだね」

こういったことを説明しないと、子どもは専門学校に行きたいのか、いきなり就職したいのかわからないからです。

・すぐに就職して、働きながら腕を磨くことを希望する場合

説明を聞いたうえで、子どもがすぐに働くことを望む場合、高校進学は考えず、働かせてもらえる飲食店を探しましょう。親としては受け入れがたい進路かもしれませんが、中卒で就職することがその子の望む道なら、応援してあげるのが親の役目だからです。

ただし、念のため高校を探しておくといいでしょう。3年生の12月ごろになって「やっぱり高校に行きたい」と言う可能性もあるからです。

・専門学校で学んでから働くことを望む場合

専門学校で学んでから、働きたいと言う場合は、次の2つのルートのどちらがいいか確認します。

・中学卒業後、調理系の高等専修学校や調理師専門学校に進む
・普通科高校に進学して、高校卒業後に調理師専門学校に進む

中学卒業後、すぐに調理の勉強をして、できるだけ早く料理人として働きたいなら、高等専修学校や中卒でも進学できる調理師専門学校への進学をすすめましょう。早ければ1年で卒業し、現場に出ることができるからです。

まだ進路が変わる可能性があったり、他の子と同じように一般的な高校を卒業してから調理師専門学校に進みたいと考えている場合は、いったん普通科高校への進学をすすめましょう。高校卒業後に調理師専門学校に入らないといけないので、お金や時間がかかりますが、3年間進路を考え直す時間ができます。

前者の進路を望むなら、興味のある学校の資料を取り寄せ、いくつか見学に行かせます。そして、最も心がワクワクする学校に進学させればいいのです。

いったん普通科高校に進学する場合、「優等生タイプ」の子と同じ流れで高校をピックアップさせましょう。

私の個人的な意見としては、どうせ社会に出るなら早いほうがいいと思っています。そのため、料理人になりたいという確固たる夢がある子で、信頼できる修業先があるなら、いきなり就職。そういったところがないなら、高等専修学校で最低限の技術をマスターしたあとで就職、という形がいいと思います。

すべての子どもをやる気にさせる「魔法の言葉」

いずれにしても、進路や志望校については、「子どもの意思を尊重する」ことが大切です。進路についての最終決定は子どもにさせるようにしましょう。

親が決めた進路に進んで高校生活が楽しくないと、子どもは一生親をうらみます。

「お母さんのせいで、高校が全然楽しくない！　だから、あのとき私はA高校に行きたいって言ったのに！　私の人生どうしてくれるの」

子どもは進路選択の失敗を、必ず親のせいにします。すると、これまで積み上げてきた努力や親子関係が一瞬で水の泡となってしまうのです。

もちろん、お子さんが進路に迷って相談してきたり、親と意見が合わないときには、親の思いやアドバイスを伝えてもかまいません。

でも、最後には必ず、子どもの意思を尊重し、今からお伝えする「魔法の言葉」をかけてあげてください。

私のメルマガ読者で、この魔法の言葉を当たり前に使えるようになった方は、ほぼ100％受験が成功しています。また、進路以外でも、子どもから何か相談されたときにはいつでも使えます。

当たり前に使えるようになればなるほど、子どもの自主性が上がり、人生に希望を持つようになる、まさに「ま・ほ・うの言葉」です。

その言葉とは……

「あなたが選んだ道を、応援するよ」

これが言えたあなたはすでに、お子さんにとって世界最高の親になっているはずです。

第3章

受験合格ステップ 3

「脇役サポート」をする

01
親が勉強を手伝ったら子どもが自立しない！というのは大ウソ

愛情銀行の預金残高が貯まり、アクティブ進路も決まれば、子どもは自ら勉強するようになります。ここまで行えば、多くの子は勝手に成績が上がっていくので、志望校に合格できるでしょう。しかし、この2つのステップだけでは志望校に合格できない子もいます。それは「一人で勉強できない子」です。

たとえば、勉強の仕方がわからない子の場合、親が教えることが重要です。放っておいても、机の前に座っているだけで勉強が進まないからです。

また、やる気はあるのに、勉強を始めて5分もするとつい他のことに意識がいってしまう子もいます。こういった子も、親が勉強に意識を向けることが大事です。子どもだけだと勉強時間が増えていかないので、実力がつかないからです。

このように、一人で勉強できない子は、親が上手にサポートすることで成績が上がります。

こういった話をすると必ずいただく質問があります。それは、

「親がいつまでも勉強を手伝っていたら、子どもが自立できなくなるのではないでしょうか」

「いつまでたっても、一人で勉強しなくなるのではないでしょうか」

というものです。

その気持ち、すごくわかります。確かに、親が勉強を手伝っていたら、いつまでたっても子どもは「お母さん手伝って」「お父さん、これやっといて」と言いそうな気がしますよね。しかし、現実は違うんです。

親が手伝ったほうが子どもは早く自立する

子どもというのは、親が手伝えば手伝うほど、早く自立できるようになります。

お子さんがまだ幼少期だったころを思い出してみてください。たとえば1歳だったころ、まだ一人で服を着ることはできなかったはずです。そんなとき、あなたが服を着せていたと思います。では、今はどうでしょうか？「お母さん、服着せて」と言う子はいないで

すよね。いつの間にか、子どもは自分で服が着られるようになっているのです。

このように、子どもは「自分でできるようになったら、勝手に自立して」いきます。

勉強も同じです。勉強の仕方がわからない子の場合、親が教えてあげることで少しずつ一人でできるようになります。一人で勉強すると集中力が欠けてしまう子の場合、親がサポートすることで、徐々に集中して勉強できるようになるのです。

そこで、お子さんが「お母さん、勉強のやり方教えて」「お父さん、単語カード作るのを手伝って」と言ってきたときは、できる限り手伝ってあげてください。そのほうが、子どもが一人で勉強できるようになるまでの時間が、確実に短くなります。

適切なサポートで、定期テストの点が大幅に上がった山本さんの例

私のメルマガ読者である、山本さん（仮名）の事例を紹介します。山本さんのお子さんは、学校の宿題はきちんとできている状態でした。子ども自身も、成績を上げたいという気持ちを持っていました。

しかし、試験前になるとスマホやゲームなどの誘惑に負けて、長時間勉強することができませんでした。そんなとき、私のメルマガを読み始めてくれました。

山本さんは、私のメルマガを読んで、親が子どもの勉強をサポートすることの重要性を知りました。そこで、お子さんの勉強中に部屋に入っていき「何か手伝えることある？」と声をかけてみました。すると「理科の勉強を手伝ってほしい」と言ったので、問題を出してあげたそうです。

また、自分一人で勉強するのが苦手なタイプだったので、時間があるときは山本さんも一緒に勉強をしました。親子で一緒に、理科の語句を覚えていく過程は、お母さんにとっても楽しい時間だったそうです。

その結果、継続的に勉強できるようになり、定期テストでこれまでの最高得点（5教科合計500点満点で363点）を取ることができました。山本さん自身、もともと子どもの要求を聞くことは甘やかしだと思っていたそうです。しかし、私のメルマガを読み始めて考え方が変わりました。

02

受験に成功する親に共通するのは上手に「脇役サポート」を行っていること

勉強の仕方がわからない子や、一人で勉強できない子の場合、親が手伝うことで成績が上がりやすくなります。

ただし、一つ大事なポイントがあります。それは「子どもが親のサポートを求めていない場合、無理に手伝ってはいけない」ということです。子どもが望んでいないのに無理にサポートをすると、過干渉の子育てになってしまうからです。

過干渉の子育ては、プロローグでも述べたように、子どもが最も嫌がることです。これを行うと、愛情銀行の預金残高は大きく減ります。その結果、勉強のやる気が下がります。ひどい場合は、親に反発して不登校などの問題行動を起こすこともあるでしょう。そうなると、勉強どころではなくなります。

こういった理由から、子どもの勉強を手伝うのは「本人が求めているとき」のみにしましょう。

では、子どもが親のサポートを望んでいるかどうかは、どのように判断すればいいのでしょうか。一番簡単な方法は、山本さんのように「何か手伝えることある？」と声をかけてみることです。

勉強中に飲み物や夜食を持っていって、きっかけを作ろう

たとえば、お子さんが自分の部屋で勉強しているとします。この場合、飲み物や夜食などを持って、子どもの部屋に入ります。お子さんが思春期の場合、必ずノックをしてから入ってくださいね。そして、

「遅くまで勉強お疲れさま。夜食作ったから食べてね。あと、お母さん（お父さん）に手伝えることある？」

と声をかけてみてください。勉強を手伝ってほしいタイプの子であれば「じゃあ丸付けお願い」と言ってきます。これで、自然に手伝える状況を作ることができるでしょう。

一人でやりたいタイプの子であれば「一人でできるから大丈夫」と言います。この場合、

無理に手伝わなくても大丈夫です。「オッケー！　何かあったら、いつでも言ってね」と声をかけて、部屋から出ましょう。このタイプの子は、親が自分の部屋に長時間いるのを嫌がることが多いので、夜食を置いたらすぐに部屋を出るのがポイントです。

このやり方であれば、一人で勉強したいタイプの子であっても、愛情銀行の預金残高が減る心配はありません。

このように、親が出しゃばりすぎず、子どもが求めることだけサポートをすることを、私は「脇役サポート」と呼んでいます。

子どもの成績がスムーズに上がっていく家庭の多くは、脇役サポートをしています。

一方、なかなか成績が上がらない家庭の多くは、親が子どもの勉強をすべてコントロールしようとする「主役サポート」をしています。主役サポートをすると、子どもの自立性も育たなくなるので、注意しましょう。

主役サポートから脇役サポートの切り替えで、5教科合計481点獲得！

私のメルマガ読者である田中さん（仮名）の事例を紹介します。田中さんは、主役サポートから脇役サポートに変えたところ、子どもの成績が上がった方です。

もともと田中さんは、勉強のことをいろいろと口出ししていました。ただ、子どもがそれを望んでいませんでした。そのため、どんどん愛情銀行の預金残高が減っていき、親に対して暴言を吐くようになってしまったのです。

そこで、お子さんが望まない「勉強への関与や口出し」をすべてやめました。代わりに、子どもが好きな食事を作ったり、子どもが好きなゲームについて勉強したりしました。つまり、主役サポートから脇役サポートに切り替えたのです。最後まで勉強のことは口出しせず、子どもを信じたのです。

その結果、お子さんのイライラが軽減し、5教科合計500点満点で481点を獲得することができました。そして、志望校にも合格することができたのです。

勉強を頑張るのは子どもです。親はあくまでもサポート役に過ぎません。大事なことは、親がしたいサポートではなく、子どもが求めるサポートを行うことなのです。

03

脇役サポート5つの手順。迷ったときは、この5つから始めよう

「道山先生、脇役サポートと言われても、何をしたらいいかわかりません」

ここまで読んで、このように感じてはいないでしょうか。

安心してください。子どもの成績が爆発的に上がる脇役サポートが、5つあります。

現在勉強に関しては、何もサポートしていないという場合、まずはこの5つから始めていただければと思います。

①準備：「バッグン問題集」と「暗記スピード向上7つ道具」の購入

最初に行うのは「準備」です。成績を上げるために重要な道具を、親子で一緒に揃えましょう。このとき、次の2つのものを用意するといいです。

私の経験上、この2つを用意して勉強を進めた場合と、鉛筆と消しゴムだけで勉強を進

めた場合では、勉強効率が最低でも3倍は違ってきます。

●バッグン問題集

書店に行くと『高校入試ニガテをなんとかする問題集』（旺文社）、『高校入試 合格でる順』（旺文社）というような受験対策問題集が売られています。

こういったものや、学校や塾から配布された受験対策問題集などの中から、お子さんと目指す高校の偏差値から考えて、「最も効率よく勉強を進められる受験対策問題集」を選びましょう。

なぜ、問題集を選ぶことが大事なのでしょうか。それは、偏差値70の高校を目指す子と、偏差値50の高校を目指す子では、解く問題が異なるからです。

受験勉強は、1年かけて行うものです。なんとなく自宅にある問題集を使って受験勉強を始めてしまい、3年生の12月になって「志望校に合格できる実力がついていない」という状態になると、取り返しがつきません。

そうなってからでは遅いので、受験勉強を始める前に、お子さんにとってベストな問題集を親子で一緒に考えることが大事なのです。

では、子どもと目指す高校のレベルに合った問題集は、どのように選べばよいのでしょうか？　細かいテクニックはいろいろあるのですが、ここではわかりやすい基準を2つお伝えします。

・問題集を選ぶ基準1〜志望校のレベルに合っている

現在、お子さんが中学校で使っている問題集ってありますよね？　この問題集を完ぺきにマスターすると、偏差値50くらいの高校に進学できます。お子さんが、偏差値45〜55くらいまでの高校を目指しているなら、中学校で使っている問題集と同じレベルの問題集を用意すればOKです。

それよりも下のレベルの学校を目指しているなら、中学校の問題集よりもやや簡単で薄い問題集を1冊選ばせましょう。難しい問題集を使って勉強を進めても、時間の無駄だからです。

一方、偏差値55以上の高校を目指しているなら、学校で使っている問題集と同じレベルの問題集と、応用問題がたくさん載っているハイレベルな問題集の2冊を用意しましょう。
最初に、基本問題、次に応用問題をマスターする必要があるからです。

・**問題集を選ぶ基準2〜子どもが直感的に使いやすいと感じる**

志望校のレベルに合った問題集といっても、いろいろあります。そこで、前述したように、いくつか見つかった問題集の中から、子どもが直感的に使いやすいと思ったものを選ばせることが重要です。なぜなら、子どもによって使いやすいと感じる基準が異なるからです。

親であるあなたが使いやすいと思ったり、塾の先生がすすめてくれたりしたものでも、お子さんが使いづらいと感じるなら、その問題集を選んではいけません。子どもの感覚ベースで決めさせることが大事です。

この2つの条件を満たす問題集のことを、私は「バツグン問題集」と呼んでいます。バツグン問題集を使って受験勉強を進めるだけで、偏差値が上がるスピードが格段に速くなります。ここは、手を抜かないようにしましょう。

●暗記スピード向上7つ道具

バッグン問題集と一緒に準備していただきたいのが「暗記スピード向上7つ道具」です。具体的には、暗記ペン、オレンジペン、赤下敷き、単語カード、まとめノート、耳栓、志望校の写真の7つです。

こちらも私の経験則になるのですが、この7つ道具を使っている子と使っていない子では、成績が上がるスピードが平均で3倍ほど違います。詳しく紹介していきます。

1．暗記ペン　2．オレンジペン　3．赤下敷き

この3つは、語句を暗記するときに使います。

たとえば、社会の語句を覚えようと思ったとき、まず問題を解きます。次に、間違えて答えを書き直したところに、暗記ペンで色を塗らせましょう。それを、赤下敷きで隠すと、答えが消えるからです。

この状態ができたら、赤下敷きを下にスライドさせながら答えを覚えていくと、効率よ

暗記ペンを使って効率的に覚える

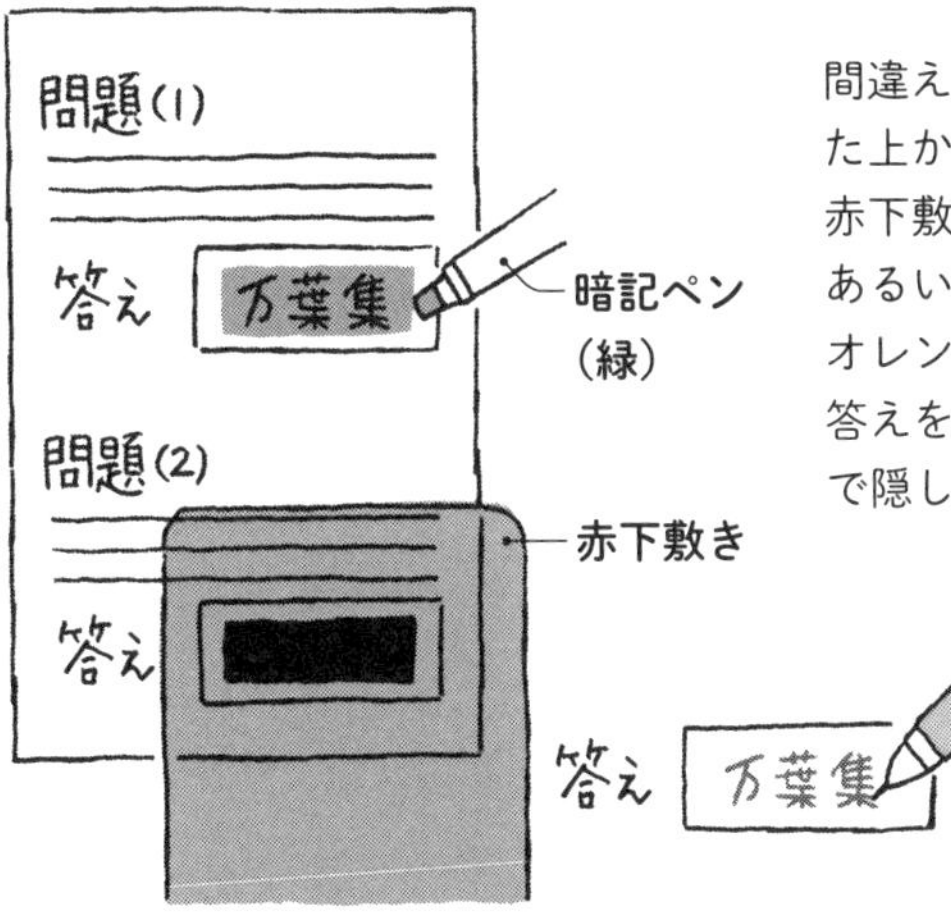

間違えた問題を書き直した上から暗記ペンで塗り、赤下敷きで隠して覚える。
あるいは――
オレンジペンで最初から答えを書いて、赤下敷きで隠して覚える。

く語句を記憶することができます。

問題を解いたり、色を塗ったりするのが面倒という子は、最初から解答ページを見て、水性のオレンジペンで問題集に答えを書かせましょう。水性のオレンジペンで書いた文字は、赤下敷きを載せることで消えるからです。

このように、3つの道具を使って語句を覚えていくだけで、暗記スピードはかなり速くなります。

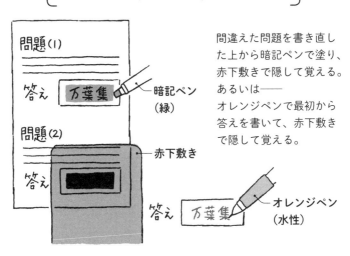

4. 単語カード

英単語、英熟語、漢字を覚えるときは、単語カードを使います。そのほうが、暗記スピードが上がるからです。

漢字の場合、単語カードの表に漢字、裏に読み方を書き、漢字を見ながら読み方が言えるか、読み方を見ながら漢字が書けるか、双方向からチェックさせます。多くの子は、読み方を見ながら漢字を書くことしかしません。双方向から覚えていくだけで、記憶の定着率と覚える速度が上がります。

5．まとめノート

志望する高校の過去問や模擬試験の問題を解いていくと、使っているバッグン問題集には載っていない語句や問題が見つかります。社会なら歴史上の人物名、国語なら漢字などです。

こういったものは、すべてまとめノートにまとめさせましょう。あとで復習しようと思ったとき、いちいち過去問を引っ張り出してくるのは面倒だからです。一度間違えた問題を手軽に復習できるようになるので、覚えるまでの時間が短縮されます。

なお、まとめノートは教科ごとに作る必要はありません。1冊用意して、そこに5教科すべて書き込んでいけば大丈夫です。ルーズリーフ型ノートを使うと、整理するときに便利です。

6．耳栓

雑音が入ると集中力が落ちてしまう子の場合、耳栓をして勉強をさせるといいでしょう。最近では、ノイズキャンセリング機能のついた電子耳栓などもあり、便利です。静かな図書館で勉強するときは必要ないですが、テレビの音が聞こえる自宅や話し声が聞こえるような場所で勉強するときは、耳栓をするだけで記憶力が上がります。

7．志望校の写真

私は教師時代、子どもたちにドリームライフシートというものを作らせていました。ドリームライフシートとは、自分が将来たどり着きたい未来の写真を画用紙に貼ったものです。毎日これを見るだけで、そこにたどり着くための行動エネルギーが湧いてくるからです。

受験勉強でも、この理論を実践するといいでしょう。お子さんの志望校が決まっている場合、志望校の写真を机の前に貼らせましょう。これだけで、やる気にスイッチが入るので、暗記スピードがアップします。

暗記スピード向上7つ道具を、子どもだけで用意するのは大変です。そこで、できる限り親が一緒に買いに行きましょう。全部使用する必要はないのですが、一つでも使うだけで、成績が上がる速度が速くなります。

②アドバイス：「最速で偏差値が上がる！ 3ステップ受験勉強法」を伝える

いざ7つ道具を用意しても、

「受験勉強のやり方がわからない」

「何から手をつけたらいいのかわからない」

こういった悩みを持っている子どもも少なくありません。この場合、親であるあなたがやり方を教えてあげるようにしましょう。

「道山先生、そんなこと言われても、私自身も受験勉強の方法がわからないんです」

という悩みもあるかと思います。そこで、普段私が有料の勉強会で直接子どもたちに伝えている「最速で偏差値が上がる！ 3ステップ受験勉強法」を簡単に紹介します。よくわからないという子には、このまま実践するように伝えてください。

暗記スピード向上７つ道具

●国語

ステップ① 過去問を解く

受験勉強を始める前に、まずは、現段階で目標とする高校の過去問を1年分解かせましょう。過去問を解くことで、どういった雰囲気の問題が出題されるのかがわかるからです。まったくできないという経験をすることで、やる気をアップさせる効果もあります。

ステップ② 漢字、文法、古典をマスターする

次に、漢字を覚えさせましょう。書店に行くと、高校受験で出題される漢字がまとまっている参考書がいろいろ売られていると思います。そういったものを1冊購入し、単語カードを使って覚えさせていきます。

文法、古典などは最初に用意する「バツグン問題集」を繰り返し解いて、マスターさせていきます。このとき、いろいろな問題集に手を出すのではなく、1冊の問題集を繰り返し解いたほうが効率的です。

ステップ③　長文読解対策をする

最後に、長文読解対策をさせます。最初に用意したバッグン問題集の中に、長文読解を解くテクニックが載っていると思います。まずはそれを見ながら、問題集を解かせましょう。繰り返し問題集を解いても長文の点数が上がらないときは、別途、長文読解問題だけがまとまった問題集を買ってきて、解かせていくといいでしょう。

また、最初の時点では過去問を1年分しか解いていないので、このタイミングであと2年分ほど解いておくようにしましょう。過去問にも長文読解問題が載っているので、こちらの対策にもなるからです。

●社会

ステップ①　過去問を解く

社会も国語と同じです。本格的に受験勉強を始める前に、まずは過去問を解いて、どんな問題が出題されるかチェックさせましょう。1年分解けば十分です。

ステップ②　「バッグン問題集」を繰り返して語句を覚える

次に、バッグン問題集を繰り返し解いて、語句を覚えさせていきましょう。社会は、暗記勝負です。いかにたくさんの語句や年代を覚えているかで、点数が変わってきます。暗記スピード向上7つ道具を上手に活用し、効率よく覚えさせましょう。

ステップ③　苦手分野を克服する

ひと通り「バッグン問題集」を覚え終わったら、もう一度、過去問を解かせます。ステップ①で解かなかった年度のものを、2年分ほど解かせてみましょう。

すると、「歴史の年代が苦手」「地理のグラフ問題がよくわからない」など、苦手分野が見つかると思います。これが見つかったら、苦手分野を集中的に勉強させていきましょう。歴史の年代が苦手なら、年代だけをひたすら覚えさせていくのです。

●数学・理科

ステップ①　過去問を解く

数学や理科も、受験勉強を始める前に、最初に過去問を1年分だけ解かせます。これで、定期テストで出題される問題と、高校受験で出題される問題の違いがわかるからです。

ステップ② 「バツグン問題集」を繰り返し解いて、解き方のパターンを頭に叩き込む

次に、バツグン問題集を繰り返し解かせます。数学や理科の問題の場合、答えを丸暗記してもダメです。解き方を覚えさせるようにしましょう。問題集を繰り返し解いていけば、自然に頭に入るので大丈夫です。ただし、理科の場合、語句を覚えるだけの問題もあります。こちらは、丸暗記してOKです。

ステップ③ 過去問やハイレベルな問題集で、応用力をつける

最後に、ステップ①で解いていない年度の過去問を最低2年分解かせていきます。するると、今まで見たことがない問題と出合うはずです。わからない問題も多いと思うので、解説を読みながら解けるようにさせていきましょう。

また、偏差値50以上の高校を目指す場合、全国の高校の入試問題や応用問題だけがまとまっているハイレベル問題集も解いていくといいでしょう。こういった問題に慣れていく

ことで、少しずつ応用力がついてきます。

●英語

ステップ① 英単語と英熟語を覚える

英語の場合、英単語と英熟語が頭に入っていないと、問題が解けません。そこで、書店に行って、高校受験で出題される英単語と英熟語がまとまった参考書を買ってきましょう。そこに載っているものを、毎日コツコツ覚えさせていきます。やり方は、単語カードを使って覚えます。

ステップ② 「バッグン問題集」を繰り返し解いて、英文法をマスターする

次に、バッグン問題集を用意して、繰り返し解かせましょう。中学校3年間で習う英文法がひと通り復習できるので、並べ替え問題や英作文問題などの正答率が上がるからです。また、長文読解問題も載っているはずなので、同時に長文対策が進められます。

ステップ③ 過去問と長文読解対策問題集を解いていく

最後に、国語・社会・数学・理科と同じく、過去問を3年分解かせます。英語は、最初に1年分の過去問を解いていないため、このタイミングで3年分解かせましょう。

過去問には、長文読解問題がたくさん載っているので、現在の実力でどれくらい解けるかチェックさせましょう。もし、並べ替え問題や英作文問題はできるのに、長文読解問題だけができない場合、別途それだけが集まっている問題集を用意して解かせましょう。

長文読解問題は、とにかく慣れることが大事です。たくさん問題を解かせて、解く感覚をつかませましょう。

細かいステップは、いろいろあるのですが、今回は特に大事なポイントのみ解説しました。まずは、この流れをお子さんに伝えてあげてください。

なお、これらのステップは私のホームページやYouTubeでも解説しています。お子さんに説明するのが大変な場合は、私のホームページなどをお子さんに見るように伝えてあげてください。検索エンジンで「道山ケイ」と検索すると出てくるはずです。

あと、年に一度の頻度にはなりますが、私が直接受験生に勉強法を伝える勉強会も行っています。

メルマガ読者とLINE友達限定の企画なので、もし興味があればこちらもチェックしていただければと思います。公式サイトから、登録できます。

③がれき学習サポート：成績UPにつながらない面倒な作業を手伝う

次に、左の表を参考に勉強計画を立てます。計画表が完成したら、いよいよ受験勉強のスタートです。

とはいえ、計画表に沿って一人で勉強を始められる子もいれば、自分一人ではできない子もいます。特に、面倒な作業が出てくると、やる気がなくなってしまう子が多くなります。

こういった子に対してやっていただきたいのが「がれき学習サポート」です。

がれき学習とは、効率が悪い勉強のことです。

たとえば、漢字を覚えるときに行う

コツコツ学習

漢字、英単語、英熟語を1日3～10個ずつ覚えていく。目標は、漢字と英単語が1500個、英熟語は300個。

志望校合格に向けた「超効率的」勉強計画

時期	目標	勉強法
4月	過去問チェック	国語、社会、数学、理科の4教科は、1年分だけ過去問を解いて問題の雰囲気をチェックする。時間があれば、英語もパラパラとどんな問題が出るか見ておくとさらにいい。
5～7月	基礎力をつける	バツグン問題集の基本問題をひと通り解いて、基礎力をつける。3年生の範囲はまだ習っていないところもあるため、1、2年生のところから優先的に進めていく。ひと通り解き終わったら、1回目に間違えたところのみもう一度解く。時間がなければ、国語、社会、理科は後回しにして、数学と英語から進めていく。
夏休み	基本問題をマスター	バツグン問題集の基本問題をもう一度すべて解き直し、完全にマスターする。国語、社会、理科が後回しになっている場合は、このタイミングから始めていく。
9～12月	応用力をつける	バツグン問題集の応用問題を解いて、応用力をつける。ひと通り解き終わったら、1回目に間違えたところのみもう一度解く。
1～2月	ニガテ問題克服	過去問を解いて見つかったニガテ問題を集中的に勉強する。

単語カードを作る作業。これはがれき学習です。単語カードを作成すること自体も多少は勉強になりますが、暗記効率が悪いからです。

こういった効率の悪い勉強は、親が代わりにやってあげましょう。自然に、子どもと一緒に勉強する形になりますし、最も効率の良い勉強に絞って進めさせることができるようになります。

では、がれき学習には、どんなものがあるのでしょうか？　次の5つは、代表的ながれき学習です。子どもが望む場合は、親が代わりにやってあげましょう。

●国語・英語：単語カードの作成

国語で漢字を覚えたり、英語で英単語や英熟語を覚えたりするときに使う単語カードの作成は、がれき学習です。作成中は「早く終わらせたい」という気持ちになるため、作業になってしまうからです。すると「覚えよう」という意識が抜けてしまうので、勉強効率が下がります。

そこで、子どもが嫌がらなければ、親が単語カードを作ってあげましょう。

「単語カードを作るのは大変だと思うから、お母さん（お父さん）が手伝おうか？」

と声をかければ、ほとんどの子は喜んで単語カードを渡してくれるでしょう。

●社会：オレンジペン問題集の作成

前述したように、社会の問題集を覚えていくときは、問題集を解いて間違えた箇所に暗記ペンで色を塗ったり、あらかじめオレンジペンで答えを書き込んだりして、赤下敷きで隠しながら覚えていくと効率的です。

ただこのとき、暗記ペンで色を塗ったり、オレンジペンで答えを書いたりする作業は、がれき学習です。単語カードの作成と同じで、作業をしている感覚が強いため「覚えよう」という意識が働かないからです。親が手伝ってあげるか、最初から答えが赤文字で書き込まれている参考書を利用して、覚えさせるようにしましょう。

●数学：ニガテ問題の解説

数学の勉強を進めていくと、わからない問題が出てきます。通常、こういった問題が出てきたときは、解説を見ながら自分で理解させると思います。ただ、解説を読んでもわからないものもあるでしょう。

こういった問題に対して、解けるまでひたすら悩むというのは、がれき学習です。悩むよりも、解き方を覚えてしまったほうが早いからです。解説を3分読んでも解き方がわからなければ、親が説明してあげましょう。

●理科：丸付け代行

12月になったら、過去問を解かせていきましょう。問題を解き終わったら、丸付けをしますが、実はこれもがれき学習です。丸付けをしているときは「やったー！　正解」「残念、間違えた」という感情が出てくるので「覚えよう」という意識が抜けてしまうからです。こういった理由から、丸付けも親が手伝うといいでしょう。

ただし、間違っている問題はそのままにせず、子ども本人に解き直させることが大切です。

がれき学習サポートをした結果、成績が急上昇した松本さんの例

私のメルマガ読者松本さん（仮名）のお子さんは、もともと勉強ができる子でした。親が何も手伝わなくても、5教科合計500点満点中、300〜400点くらいはキープできていたからです。

ただ、勉強時間のわりに点数が取れていないことに危機感を感じ、私のメルマガを読み

始めてくださいました。すると松本さんは、がれき学習サポートの重要性に気づかれました。そこで、空《あ》いている時間に、問題集の丸付けなどの手伝いをするようにしたのです。

すると、お子さんが本当に効率的な勉強だけに集中することができるようになり、5教科合計500点満点で445点を獲得することができました。ちなみに、学年順位もこれまでのテストで最高となりました。

このように、もともと良い点数が取れている子ほど、最後は時間との戦いになります。あなたが手伝ったことで生まれた時間を、効率のいい勉強にあてることで、さらに成績を上げることが可能になるのです。

04
親の勉強サポートを嫌がるときは、「第三者機関丸投げ戦略」が効果的

通常、脇役サポートをすると子どものやる気はアップします。「受験は、私一人のもの

ではないんだ。手伝ってくれるお父さんやお母さんのためにも、絶対に合格しよう」という気持ちが湧いてくるからです。

ただ、「親に手伝ってもらいたくない」というタイプの子もいます。この場合、無理に手伝おうとすると過干渉となり、愛情銀行の預金残高を減らしてしまいます。

では、このタイプの子は、どのようにサポートをすればいいのでしょうか？　おすすめは、サポートを外部に委託することです。

たとえば、がれき学習サポートのところで「数学のニガテ問題は親が解説しよう」という話をしました。お子さんが親に教えてもらうことを嫌がる場合、塾や家庭教師に丸投げしましょう。親から言われると受け入れられないことでも、塾や家庭教師の先生から言われると素直に聞き入れる子も多いからです。

本書で解説した勉強のポイントなども、いったん塾や家庭教師の先生に相談し、子どもに伝えてもらうといいです。

このように、親のサポートを嫌がるときは、第三者の力を借りる。私はこの考え方を「第三者機関丸投げ戦略」と呼んでいます。勉強のサポートを、すべて親がやる必要はありません。極端な話、愛情銀行の預金残高を増やすことだけに専念して、あとはすべて丸投げでも大丈夫です。

また、あなたが忙しくて勉強を教えている暇がない場合も、第三者機関丸投げ戦略が有効です。多少費用はかかりますが、お金で時間を買うという発想で、上手に塾や家庭教師を利用しましょう。

脇役サポートで解説したことは、あくまでも理想です。無理せず、外部に委託できるものは委託しましょう。

親のアドバイスをなかなか聞かないときには

「うちの子は、丸付けは手伝わせてくれるのですが、私が3ステップ受験勉強法をアドバイスしても聞いてくれないんです」

ここまでの話を読んで、こういった悩みを持っている人もいるかもしれません。

親のアドバイスなしの状態でも、偏差値が上がっているなら問題ありません。ただ、非効率的な勉強をしている結果、実力が上がっていかないようだと問題です。どうしたらいいのでしょうか。

ポイントは「成績下落タイミング」を狙うことです。

たとえば、頑張って勉強しているのに、定期テストの成績が下がってしまったら、子どもとしてはつらいですよね。

そういった、子どもが落ち込んでいるときを見計らって「こういった形に変えてみるのはどうかな？」という感じで伝えるのです。何もないときに伝える場合に比べ、2〜3倍の確率で聞いてくれるでしょう。

それでも聞いてくれないときは、愛情銀行の預金残高が低い可能性が高いです。もう一度、第1章に戻って預金残高を増やすことから始めていきましょう。

なお、受験までの時間がない場合は、無理に親が伝えようとするのではなく、第三者機関丸投げ戦略で、学校や塾の先生から助言してもらうほうが早いです。

勉強サポートだけなら塾に丸投げしてもOK

沢田さん（仮名）は、お子さんの成績が落ち始めたことに危機感を感じ、私のメルマガを読み始めてくださいました。そこで、愛情銀行の預金残高を増やすことの重要性に気づき、子どもが疲れているときにマッサージなどをしてあげたそうです。

お子さんは、塾の自習室で勉強したいタイプの子だったので、勉強は塾に丸投げです。やり方についても一切口を出さず、すべて塾と子どもに任せました。ただ、問題集の丸付けなどのがれき学習は、沢田さんが手伝いました。その結果、5教科合計で129点アップしました。

沢田さんのお子さんのように、勉強は塾でやりたいというタイプの子もいます。そういったタイプの子で、なおかつ塾の先生も信頼できるなら、勉強はすべて塾に丸投げという形でも成績は上がります。

ただ、愛情銀行の預金残高が少なかったり、親が何も手伝わなかったりすると、いくら塾に通っても成績は上がらないことが多くなります。お子さんが求めることを聞き、親にできるサポートを行うことがポイントになります。

05

「肩もみセラピー」と「感情トリートメント」で、やる気の持続力を上げる

受験というのは、子どもにとってストレスを感じるイベントです。「落ちたらどうしよう」という不安もありますし、周りの子が勉強している姿を見ると焦りを感じるからです。精神的に弱いタイプの子は、ストレスで勉強を続けられなくなってしまうこともあります。そこで大事なのが、日ごろから親が話を聞いて、ストレスを緩和してあげることです。

このとき、おすすめの方法があります。それは「肩もみセラピー」です。

肩もみセラピーとは、毎日10分間、子どもの肩をもみながら悩みを聞いて、ストレスを解消させる方法です。先ほど紹介した沢田さんのように、お子さんが疲れているときは、肩をマッサージしながら話を聞いてあげましょう。

何もない状態で話しかけても、親と話をしたがらない子もいます。そんな子でも「勉強すると疲れるよね。肩でももももうか？」という感じで声をかければ「じゃあやってもらお

うかな」という気持ちになるからです。

マッサージ中は子どももリラックスできるので、普段は話さないような悩みや愚痴を話してくれます。お子さんも悩みを親に話すことで、気持ちが楽になるでしょう。

テスト結果が悪くて落ち込んでいるときこそ、親の出番

肩もみセラピーと一緒に、やってほしいことがあります。それは「感情トリートメント」です。感情トリートメントとは、子どもの落ち込んでいる気持ちをポジティブな気持ちに変えることです。

たとえば、頑張って勉強したのに、テストで思ったような結果が出なかったとします。すると子どもは、悪かった結果に目を向け、落ち込むでしょう。

ここで、あなたが「今回はたまたま結果が悪かったけど、いつも以上に頑張っていたよ。次回は必ず結果が出るはずだよ」と言ったらどうでしょうか。結果ではなく、頑張ったという過程に意識を向けられるようになりますよね。少しだけ気持ちが楽になるでしょう。

中学3年生の夏休み以降は、模擬試験などを受ける頻度も増えてきます。模擬試験は定

期テストよりも難しく作られているため、想像以上に悪い結果が出ることも多くなります。そういったときこそ感情トリートメントを行って、お子さんの気持ちをポジティブに変えてあげましょう。たとえば、

「今回は体調も悪かったし、仕方ないよ。定期テストの点数は上がってきているわけだし、大丈夫だよ」

と言って、悪かった模擬試験から、良かった定期テストに意識を向けるのです。また、

「前回よりも国語の長文読解の点数が上がっているね。勉強の成果が出てきているね」

などと、悪かった5教科合計点ではなく、伸びている教科や分野に目を向けさせるのです。すると、子どもの気持ちがポジティブになります。子どもが落ち込んでいるときこそ、親の出番です。

肩もみセラピーをした結果、第一志望に合格できた岡田さんの例

私のメルマガ読者である岡田さん（仮名）のお子さんは、内申点換算でオール4以上の高校を目指していました。ただ、部活がハードで平日は休みがなく、土日も丸一日練習が続

いている状態でした。そのため、毎日練習に疲れて勉強できませんでした。

そこで岡田さんは、お子さんに疲れがたまらないように、いろいろサポートされました。

まず、部活や塾の送迎をできる限り行いました。また、がれき学習サポートとして、単語カードを作成しました。さらには、肩もみセラピーも実践されました。

その結果、心と体の疲れが取れたため、勉強を頑張れるようになりました。志望校にも、きちんと合格できたのです。

あとでいただいた感想には、こんな一文が書かれていました。

「娘をサポートすることが、甘やかしなのかどうか迷うことなくサポートできたのが、功を奏したと思っています」

がれき学習サポートや肩もみセラピーというのは、一見するとやり過ぎな感じがすると思います。そのため、「そこまでやる必要はないんじゃないか」と思って、躊躇《ちゅうちょ》される方も多いようです。

しかし岡田さんのように、できることはサポートしたほうが、子どもの成績が上がるスピードは速くなります。時間が許す限りでいいので、お子さんが求めるサポートをしてあげましょう。

06

偏差値が上がるのは12月！ それまでは模擬試験でC判定が出ても気にしない

脇役サポートをしっかりすれば、お子さんの成績は他の子以上に上がりやすくなります。第一志望に合格できる可能性も、大きく上がるでしょう。ただ、ここで一つ注意しておかないといけないことがあります。それは、模擬試験の偏差値はすぐには上がらないということです。

中学校のテストは、3か月以内に習った範囲から出題されます。そのため、2週間勉強するだけで全教科8割以上の点数を取ることも可能です。一方、高校入学試験は、中学3年間で習ったすべての範囲から出題されます。模擬試験はこれに合わせて作られているので、どれだけ効率よく勉強したとしても、全教科で8割以上取ろうと思ったら6か月はかかるでしょう。

また、受験勉強を行う際、1年生のときに習った範囲から勉強していくことになると思います。そのため、夏休みごろまでは、2、3年生で習った範囲の復習をしていない段階で、模擬試験を受けることになります。これでは、点数が上がらなくて当然ですよね。

そこで、模擬試験を受けると出てくる「志望校の合格判定」は、あまり気にしないようにしましょう。夏休みの時点では、一生懸命勉強している子でもE判定が出ることもあるからです。C判定が出れば、かなりいいほうです。

あらかじめ、こういった事実をお子さんに伝えておくことで、気持ちが不安定になるのを防ぐことができるでしょう。

なお、本書でお伝えした方法でお子さんをサポートしていくと、12月前後の模擬試験から一気に判定が良くなってきます。それまでは、結果が出なくても問題ありません。

志望校より偏差値が10低い高校をすすめられた中島さんの例

私のメルマガ読者である中島さん（仮名）の事例を紹介します。中島さんは、本書で紹介した道山流・高校受験必勝プログラムを実践し、学習塾に通わせることなく、お子さんを志望校に合格させることができました。

タレントやプロスポーツ選手などがたくさん輩出している名門校に進学することができた中島さんですが、第1回進路相談（通常、4～7月ごろに行われる）のとき、通っていた中学校の先生からすすめられた高校は、受かった学校よりも偏差値が10低いところでした。当時のお子さんの実力から考えると、そのレベルの高校が妥当だったわけです。しかし、しっかり勉強をしたところ、グングン偏差値が上がっていきました。そして、12月に行われる最後の進路相談で、今回合格した志望校を受けることに決めたのです。

このように、高校受験の偏差値というのは、秋から冬にかけて一気に上がります。受験勉強を始めてから3か月以内は特に、悪い結果が出ても気にする必要はありません。

直前になっても偏差値が上がらなかったときこそ「思いやり決断」

もちろん、高校受験必勝プログラムに沿って勉強しても、最後まで模擬試験の結果が良くならないこともまれにあります。行っている勉強方法を間違えていたり、勉強しているように見せかけて勉強していなかったりするケースがあるからです。

また、たまたま勉強していない部分ばかりが出題されて、点数が取れないこともあるでしょう。

受験直前に受けた模擬試験の結果が悪いと、どんな子でも落ち込むと思います。もしかしたら、志望校のランクを下げようとする子も出てくるでしょう。

こういったときは、いったん落ち着かせることが大事です。

そして、担任の先生とお子さんと3人で話し合いをしましょう。模擬試験の結果だけでなく、担任の先生の意見も参考にして進路の最終決定をしたほうがいいからです。

模擬試験は、テストの結果と志望校の倍率でしか合否予想ができませんが、担任の先生は、お子さんの性格や高校の雰囲気などを総合的に判断して、アドバイスしてくれます。

そして、最終的にどの高校を受験するかは、前にもお話ししたように、子ども本人に決めさせましょう。お子さんが「現在の志望校にチャレンジしたい」と言うなら、模擬試験の結果にとらわれず受験させればいいのです。「一つ下のレベルの学校を受けたい」と言うなら、進路を変更させましょう。大事なことは、子どもの意思を尊重することです。

迷ったときこそ、第2章で解説した「思いやり決断」をしましょう。子どもの意思で志望校を決めさせたほうが、高校進学後に後悔する可能性がグンと下がります。

最後は子どもを信じよう

ここまで行えば、あなたができることはもうありません。最後は、子どもを信じるのみです。

あなたがこれまで15年間、愛情をかけて育ててきた子です。何よりあなたの遺伝子が受け継がれている子です。きっと「志望校合格」という結果を持って帰ってきてくれるでしょう。

そして、無事志望校に合格できたら、思いっきりお祝いをしてあげてください。高校受験という厳しい戦いで成功体験を積むことができれば、次回の大学受験や就職試験でも頑張ることができるはずです。

ここまで、本当にお疲れさまでした。

エピローグ

志望校合格以上に大切な「一生信頼しあえる親子関係」を作るために

高校受験の目的は志望校合格だけじゃない！

本書を最後まで読んでいただき、本当にありがとうございました。本書でまとめたことをしっかり実践していただければ、お子さんの受験は必ず成功すると思います。まずはできるところから実践していただければと心より願っております。

最後に一つ、お伝えしたいことがあります。

それは、私自身が考える「受験成功」の定義です。

多くの方は、志望校に合格すること＝受験成功だと考えています。もちろん、志望校に合格することは、受験を成功させるうえで大切なことです。

ただ、私自身は、志望校に合格することは二番目に大事なことだと考えています。

では、一番大事なことは何でしょうか？

答えは「受験を通して、一生信頼しあえる最高の親子関係を作ること」です。

受験を利用する、という発想を

もし、志望校に合格する過程で、親子関係が悪くなってしまったらどうなるでしょうか。

今後、お子さんは何か悩みが出てきても親に相談することができません。進学した高校でいじめを受けたとしても、親に助けを求めることができず、一人で悩まないといけなくなるのです。

これでは、志望校に合格できたとしても、子どもの未来は明るくなりませんよね。

それだけではありません。親子関係が悪いと、子どもは自宅にいることがつまらないと感じます。すると学校から帰ってきても、部屋に引きこもってスマホやゲームをするしかなくなるのです。

これも、幸せな人生とは言えないですよね。

私が本書で、勉強の話よりも先に「愛情銀行の預金残高を増やす」ことの重要性を強調したのは、こういった理由もあるのです。

そこで、本書を最後まで読み終えたあなたには、「一生信頼しあえる最高の親子関係を作るために受験を利用する」という発想を持ってほしいのです。

志望校に合格するのは、当たり前です。ただ、そこで満足するのではなく、受験する前より終わったあとのほうが、親子関係が良好になっている状態を目指してください。

そこまでできてはじめて、受験成功なのです。

受験勉強中にたくさんの「息抜き」をした結果、受験に大成功

実際に、それができた方がいます。私のメルマガ読者である、山田さん（仮名）です。

山田さんは、受験勉強の合間にお子さんと一緒にたくさんの「息抜き」をされました。たとえば、

・週に一度、一緒に外を散歩して話をする
・気分転換に、親子で横浜までスイーツを食べに行く
・お子さんの好きなアイドルのＤＶＤを、一緒に見る

などです。これら以外にも、お子さんが喜びそうなことは、時間が許す限り何でもされたそうです。

もちろん、志望校を決めるときも、親の意思ではなく子どもの意思を尊重されました。第２章で紹介した「思いやり決断」を実行されたのです。

その結果、お子さんの学力はグングン上がり、最初の状態から考えるとはるかに高いレベルの高校に合格することができました。

志望校に合格したことは、山田さん親子にとって素晴らしい結果です。

ただ、それ以上に、受験を通して「一生信頼しあえる最高の親子関係」を手に入れられました。この状態を作ることができれば、高校進学後のお子さんの未来は、１００％明るくなります。

私がこれまでに3000組以上の受験をサポートしてきた経験から間違いありません。

まさに、私が考える「受験成功」を達成されたのです。

あなたも山田さんのように、受験を通して「最高の親子関係」を作りあげていきましょう。

受験まで時間がないときは、これだけに集中しよう

では、どうすれば、受験を通して一生信頼しあえる「最高の親子関係」を作ることができるのでしょうか。

一番大事なことは、高校受験必勝プログラムの順序を守ることです。

本書では、以下の流れで受験対策を紹介しました。

ステップ①「愛情銀行」の預金残高を増やす
ステップ②「アクティブ進路」を見つける
ステップ③「脇役サポート」をする

必ず、この順序を守ってほしいのです。

つまり、愛情銀行の預金残高が少ないなら、受験の話はしないようにするのです。

また、アクティブ進路が決まっていないなら、勉強のことをあれこれ口出ししてはいけません。

ステップ②と③ができなくても、子どもの未来を明るくすることはできるでしょう。しかし、ステップ①ができなければ、子どもの未来は間違いなく暗くなってしまいます。だからこそ、必ずステップ①から順に進めていただきたいのです。

受験直前、勉強の話を一切やめて、志望校に合格した池田さんの例

実際に、受験まで時間がなかったため、ステップ①しかできなかったのに受験に成功した池田さん（仮名）の事例を紹介しましょう。

池田さんは、受験まで残り2か月を切っている状態で、私のメルマガを読み始めてくだ

さいました。

当時は、お子さんとの関係が非常に悪く、お母さんが話しかけても子どもは無視をする状態だったのです。

そこで、愛情銀行の預金残高を増やすために、勉強の話をするのをやめました。

また、過干渉の子育てにならないようにするために「〜しなさい」という言葉を使わないようにもしました。代わりに、「どうしたい？」「どうする？」という言葉を使って、子どもの意思を確認するようにしたのです。

すると、愛情銀行の預金残高がグングン増えていきました。お子さんがリビングにいる時間も長くなり、次第にテレビを見ながら会話ができる状態にまでなりました。

愛情銀行の預金残高が増えたのが受験直前だったので、最後まで勉強の話をすることはできませんでした。しかし、お子さんは自らの意思で志望校を決め、無事に合格することができたのです。

もし、池田さんが最後までお子さんに勉強の話をし続けていたら、どうなっていたでしょう？

おそらく、愛情銀行の預金残高が少ない状態で受験をしていたと思います。その結果、誰にも悩みを話せない不安な状態で受験することになるので、当日の点数も下がっていたはずです。もしかしたら、志望校に受からなかったかもしれません。

池田さんが、私のメルマガを読んで愛情銀行の預金残高が少ないことを自覚し、勇気を出して勉強の話をやめたからこそ、受験を成功させることができたのです。

納得した状態で受験当日を迎えるために

このように、受験まで時間がない場合は、無理にステップ③まで実践する必要はありません。まずはステップ①「愛情銀行の預金残高を増やす」ことだけ行いましょう。

入試直前になっても、思ったように偏差値が上がらないことがあるかもしれません。

そのような状態になってくると、つい、

「来週受験なのに、なんでゲームしてるの！　最後くらいしっかりやりなさい」

とイライラ言葉を言いたくなってしまうこともあるでしょう。

大切なお子さんの人生を決める受験なので、焦ってしまう気持ちはよくわかります。

でも、そういったときこそ預金残高を増やすチャンスです。

「焦らなくても大丈夫だよ」

「今までしっかり勉強してきたんだから、自信を持って受験すればいいよ」

とお子さんを励ます言葉をかけてあげてください。

お子さんがピンチのときこそ、あなたの出番です。

最後まで、お子さんを信じてあげられるのは、親であるあなただけだからです。

無条件の愛情でサポートすれば、お子さんは納得した状態で受験当日を迎えられます。

そして、どの高校に進学したとしても、充実した高校生活を送ることができます。

それこそが、本当の意味でのお子さんの受験成功なのです。

付録：偏差値がグングン上がる「おすすめ問題集」

ここでは、どんな子にも使いやすく、効率よく偏差値が上がるおすすめ問題集を紹介します。問題集を選ぶうえで、参考になるかと思います。

ただし、一つ注意していただきたいことがあります。第3章で解説したように、受験勉強で使用する問題集は、

・志望校のレベルに合っている
・子どもが直感的に使いやすいと感じる

ものを選ばないといけません。そのため、ここで紹介するのは「候補の一つ」という位置付けにしてください。実際に購入するときは、書店に行って子どもに選ばせることが大切です。この点だけ、忘れないようにしてください。

①『高校入試ニガテをなんとかする問題集』（旺文社）

基本問題から応用問題まで、幅広く載っている問題集です。国語、社会、数学、理科、英語とも、分野ごとに覚えるべきポイントや公式がわかりやすくまとまっています。

たとえば、数学の関数の場合、「グラフの変わり目を押さえる」「式か座標のどちらかを見る」といったポイントが書いてあります。このポイントを意識して勉強するだけで、偏差値が上がるスピードが速くなります。

「覚えることが多過ぎて、何を覚えたらいいかわからない」という子におすすめの問題集です。

また、掲載されている例題の多くは、全国の公立高校で出題された問題です。「入試問題独特の雰囲気になれる」という目的でも使用できる問題集です。

なお、5教科ともこの問題集を1冊完ぺきにマスターすれば、公立高校、私立高校を問わず、偏差値50レベルの高校に進学できる実力がつきます。

②『高校入試 合格でる順』（旺文社）

高校入試によく出題される分野が、出題される確率順にまとめられている問題集です。たとえば、社会の場合、「世界と日本の資源や産業」という分野は、出題率93・8％だそうです。

こういった数字が載っているので、お子さんも「93％の確率で出題されるなら、絶対に勉強しないとダメだな」という気持ちになるはずです。つまり、勉強に対するやる気がアップします。

また、受験当日まで時間がない場合、出題確率が高いところだけ勉強すればいいので、「ヤマを張って勉強したい」

という子にはおすすめです（笑）。

『ニガテをなんとかする問題集』同様、5教科とも1冊完ぺきにマスターすれば、偏差値50程度の高校に進学できる実力がつきます。

③『高校入試 合格でる順 5教科』（旺文社）

前述した『高校入試 合格でる順』には、5教科が1冊にまとまったものがあります。5教科バラバラのシリーズと比べると、掲載されている問題数は5分の1になります。その分、5倍早く終わらせることができるわけです。つまり、

・入試まで時間がないのに、何も勉強していない
・広く浅くでもいいから、さらっと3年間の総復習をしたい

という子に、おすすめの問題集です。

ただし、広く浅い知識しか身につかないため、1冊を完ぺきにマスターしても、偏差値50以上の高校に進学できる実力はつきません。偏差値30から40台くらいまでの学校を目指している子であれば、この1冊を極めるという勉強方法が効果的です。

④『最高水準問題集 高校入試』（文英堂）

偏差値55以上の高校を目指す場合、応用力をつけないといけません。そのときにおすすめなのが『最高水準問題集』です。

おそらく、今日本の書店で売られている受験対策問題集の中では、最もレベルの高い問題が集まったものです。5教科とも、難関私立高校の入試問題がたくさん載っているからです。

1冊完ぺきにマスターすれば、偏差値70以上の実力をつけることができます。つまり、どの高校でも進学できる実力がつくわけです。

ただし、レベルがかなり高いので、解説を読んでも理解できない問題も出てくると思います。そこで、わからない問題は第三者に質問することが重要です。そういった環境が整っている子であれば、ぜひチャレンジしていただきたい問題集です。

⑤『高校入試出る順中学漢字スタートアップ基本漢字1400』(現文舎)

高校入試で出題される漢字が、出題頻度の高い順にまとめられている問題集です。ここに掲載されている漢字をすべて覚えれば、公立高校で出題される漢字の問題には、確実に答えられるでしょう。

また、お子さんが社会人になったとき、仕事で使う漢字の多くはこの問題集に掲載されています。つまり、ここに載っている漢字をしっかり覚えておけば、大人になったときに恥をかくこともなくなるでしょう。

使い方としては、第3章で説明したとおりです。単語カードを使って覚えていきましょう。

とはいえ、単語カードにまとめている時間がないという子もいると思います。実は、そういった子にも、この問題集はおすすめです。答えを書く欄の下に、赤文字で答えが書いてあるからです。問題集に直接赤下敷きを載せるだけで、漢字を覚えることができます。

⑥『中学 マンガとゴロで100%丸暗記 歴史年代』（受験研究社）

社会の歴史の問題でよく聞かれるのが「年代」です。たとえば、「連合国軍最高司令官総司令部（GHQ）の指令で警察予備隊が作られた時期はいつか。当てはまる時期を、次の年表中のア〜エから1つ選びなさい」

というような問題が出題されます。

そこで、重要な年代は覚えておかないといけないのですが、これがなかなか大変です。なぜなら、4桁の数字は記憶に残りづらいからです。

そんな時におすすめなのが、この問題集です。

高校入試で出題されやすい歴史の年代が、マンガとゴロ（語呂）で覚えやすいようにまとめられています。たとえば、ヨーロッパ連合（EU）が発足した年を覚えるゴロは、「統合へ　行く組（1993）そろう　ヨーロッパ」

です。なんとなく1993という数字を覚えるよりも、ゴロで覚えたほうがスムーズに頭に入るはずです。

⑦『高校入試 でる順ターゲット 中学英単語1800』（旺文社）
⑧『高校入試 でる順ターゲット 中学英熟語400』（旺文社）

英語の点数は、単語と熟語の知識量に比例します。そのため、これら2つの知識が増えるほど、右肩上がりで偏差値が上がっていきます。

とはいえ、受験までの時間は限られています。中学校で習うものをすべて覚えるのはなかなか難しい子も多いです。そんなときにおすすめなのが、この2冊です。

英単語と英熟語が、高校入試で出題される順にまとめられているからです。優先順位の高いものから順に覚えていくことで、効率よく英語の点数を上げることができます。

英単語と英熟語の知識を増やすことは、受験勉強以上に価値のある行為です。なぜなら、お子さんが社会人になるころには、英語ができないと仕事ができない状態になっている可能性が高いからです。

可能であれば、掲載されているものをすべて覚えてしまいましょう。将来必ず役立つはずです。

⑨『東京都立高校7年間スーパー過去問』（声の教育社）

第3章で紹介したように、過去問は必ず解いておきましょう。問題の雰囲気になれたり、時間配分をマスターすることができるからです。本書では、最も多くの書店で売られている「声の教育社」の過去問を紹介しました。それ以外にも、「英俊社」「東京学参」からも販売されています。

どの過去問を使っても大丈夫です。お子さんが使いやすいものを選んでください。

ただ、3つ注意してほしいことがあります。

・最新のものを買う
・予想問題と間違えないようにする
・リスニングCDが付いているものを買う

の3つです。

たまに「お姉ちゃんが3年前に使った過去問をそのまま使えばいい」と思って最新のものを購入されない方がいます。

これは危険です。入試問題というのは、毎年少しずつ出題傾向が変わるからです。必ず前年度の問題が載っているものを選びましょう。

また、過去問ではなく予想問題を購入される方もいます。これもやめたほうがいいです。予想問題というのは、出版社が予想して作っているものなので、難易度や出題傾向が若干異なることがあるからです。

予想問題を解きたい場合、過去問を解いたあとで解くようにしましょう。

英語のテストで必ず出題されるのが、リスニング問題です。こちらも必ず対策しないといけません。そこで、リスニングCDが付いている過去問を選ぶのもポイントです。

なお、本書では東京都を例に紹介しました。東京都以外の地域でも、過去問は販売されています。

大型書店に行けば、ご自身が住んでいる地域の過去問が売られているので、そちらを購入してください。

おわりに

先日、数年ぶりに教師時代を過ごした中学校に行ってみました。そこには、私が働いていたころと変わらない、子どもたちが元気に校庭を走り回る姿があったのです。彼らを見ていたら、楽しかった思い出がよみがえり、嬉《うれ》しくなりました。

当時、私が毎年、学級訓にしていた言葉があります。
それは「夢」です。
人間は、2種類の人生を送ることしかできません。
夢を見つけ、それを叶えるために全力で生きる人生。
夢が見つからず、暇つぶしのゲームしか楽しみがない不完全燃焼の人生。

子どもたちみんなが夢を持ち、それを叶えるために全力で毎日を過ごす人生を送ったら、日本の未来はもっと明るくなると思います。不登校、いじめ、引きこもりなどの問題もほとんどなくなるでしょう。

そのためには、私たち大人がしなければならないことがあります。

・子どもたちが夢を持つきっかけを作ること
・夢を叶えるためのサポートをすること

の２つです。

本書では、後者について詳しく解説しました。高校受験というのは、子どもの夢を叶えるための手段だからです。

あなたが、本書で紹介した「道山流・高校受験必勝プログラム」を正しく実践すれば、お子さんの受験は必ず成功します。その結果、お子さんが夢を持っている場合は、自分の夢を叶えるために全力で生きる人生を送ることができるはずです。

現時点で夢を持っていなくても、大丈夫です。高校3年間で夢を見つけ、それを叶えるために努力できる進路に進むことができるからです。

また、高校受験必勝プログラムを実践すれば、受験を通して「一生信頼しあえる最高の親子関係」を作ることもできます。すると、夢を叶える過程で挫折しそうになったとき、必ずあなたに相談してきます。そんなときは、本書で紹介した魔法の言葉……

「あなたが選んだ道を、応援するよ」

をかけてあげてください。もう一度、自分の夢を叶えるために前進することができるでしょう。

ただ、私の経験上、子どもとの付き合い方は多種多様です。本書の高校受験必勝プログラムを試しても、いろいろ想定外のことが出てくるかもしれません。そんなときは、私のYouTubeやメルマガを見てみてください。

今のあなたと同じように、

「子どもの未来を明るくしたい」

「なんとか志望校に合格させてあげたい」

と考える、子どものことが大好きなお父さんお母さんたちからいただいたさまざまな悩みと解決ステップを載せてあります。きっと参考になるはずです。


最後になりますが、お子さんが志望校に合格することができたら、ぜひ連絡をください。誠心誠意、心を込めてお祝いのメッセージをお送りさせていただきます。お子さんの受験が成功することをお祈りしています。

２０２０年春

思春期の子育てアドバイザー　道山ケイ

謝辞

今回、はじめて書籍を出すにあたって、たくさんの方からご協力をいただきました。

出版を一から教えてくださった土井英司先生、執筆の時間を作るためにいつも以上に仕事を頑張ってくれたサポートスタッフのみんなには、本当にお世話になりました。心から感謝いたします。

そして、私のメルマガやLINEの記事を読んでくれている約5万人の読者の方。みなさんが高校受験必勝プログラムを実践し、お子さんの受験を成功に導いてくれたからこそ、本書を作ることができました。本当に感謝しています。

また、私が教師時代、思春期の子どもへの接し方を教えてくださったK先生、U先生、O先生。教師をやめた今でも、一緒に教育について語りあえる元同僚の仲間たち。自分の夢を常に応援してくれる家族。みなさんの存在があったからこそ、ここまで来ることができました。本当にありがとうございます。

最後に、本書を読んでくださった読者のあなた。最後まで読んでいただき、本当にありがとうございました。お子さんの人生が、この本をきっかけに良い方向に向かうことを心からお祈りしています。

次は、メルマガもしくは勉強会でお会いしましょう。

道山ケイオフィシャルサイト　https://seiseki-up.info/

著者紹介

道山ケイ　（みちやま　けい）
思春期の子育てアドバイザー。親を変えることで子どもの成績を上げるプロとして活躍。元中学校教師で、学級崩壊の地獄と学年最下位クラスを9か月で学年トップに変えた天国を経験。この体験から道山流思春期子育て法を確立。道山流で子どもに接すると成績が上がる、志望校に合格すると話題で、年間3000組の親子をサポート、全国各地で開催される有料勉強会もすぐに満席になる。

高校受験《こうこうじゅけん》 志望校《しぼうこう》に97％合格《ごうかく》する親《おや》の習慣《しゅうかん》

2020年4月1日　第1刷
2023年3月30日　第3刷

著　　者　道《みち》山《やま》ケイ

発 行 者　小澤源太郎

責任編集　株式会社 プライム涌光
電話　編集部　03(3203)2850

発 行 所　株式会社 青春出版社
東京都新宿区若松町12番1号 〒162-0056
振替番号　00190-7-98602
電話　営業部　03(3207)1916

印　刷　中央精版印刷　　　製　本　大口製本

万一、落丁、乱丁がありました節は、お取りかえします。
ISBN978-4-413-23153-4 C0037